主日简史
从新约到新的创造

A Brief History of Sunday
From the New Testament to the New Creation

著 胡斯托·冈萨雷斯（Justo L. González）
译 陈若茹
编 徐西面

© Justo L. González（2017）

作者 / 胡斯托・冈萨雷斯（Justo L. González）
译者 / 陈若茹
编注 / 徐西面
审校 / 徐西面
装帧设计 / 冬青
中文校对 / 吴夏，方晓微
出版 / 贤理・璀雅出版社，爱丁堡
网址 / http://latreiapress.org
电邮 / contact@latreiapress.org
中文初版 / 2018
中文再版 / 2020
印刷 / Clays Ltd, Suffolk

A Brief History of Sunday: From the New Testament to the New Creation was originally published in English in 2017 by William B. Eerdmans Publishing Company of 2140 Oak Industrial Dr. NE, Grand Rapids, Michigan, 49505, USA.
This translation is published by arrangement with Williams B. Eerdmans and is for sale around the world.

ISBN: 978-1-913282-24-0

目录

周序 1
陈序 5
作者序 11
编者序 13

第一章 背景：基督教以前的历法 15
　　时间的度量 15
　　一周之日 16
　　犹太历法与安息日 18

PART 1 君士坦丁之前

第二章 日子的命名 25
　　七日的第一日 25
　　主日 26
　　太阳日 29
　　其它日子的命名 31

第三章 聚会时间 35
　　从会堂到教会 35
　　擘饼 36
　　从周六晚上到周日早上 37

第四章 七日第一日之重要意义 43
　　复活之日 43
　　创造的第一日 47
　　第八日 48

第五章 基督教在七日第一日的礼节 52

不以禁食或下跪为庆祝方式 52
　　主日敬拜 57
　　要点总结 59

PART 2 从君士坦丁到古代末期

第六章 君士坦丁与新帝国政策 **63**
　　君士坦丁的法令 63
　　其它法令 66
　　新政策带来的直接影响 67
第七章 基督徒敬拜的变化 **69**
　　传统的延续 69
　　新建筑与新会众 71
第八章 与主日相关的法律 **75**
　　主日作为休息日 75
　　罗马帝国的其它律法 77
第九章 基督徒对安息日的看法 **80**
　　早期看法与相关争论 80
　　教会对休息日的相关规定 84
　　安息日作为将来之事的预表 84
　　要点 89

PART 3 中世纪

第十章 全新的周日敬虔观：从宴席到葬礼 **94**
　　圣餐作为被更新的基督的献祭 94
　　令人敬畏的圣餐神迹 97
　　缓和对圣餐的敬畏 101
　　从亲身参与到出席观礼 107

第十一章 祷告和娱乐之日 109
对休息的持续立法 109
理想：祷告之日 113
现实：娱乐之日 114
主的来信 116

第十二章 阿奎纳论周日与安息日 119
安息日在十诫中的地位 119
道德律与礼仪律 120
要点总结 122

PART 4 宗教改革及之后的时期

第十三章 宗教改革 127
天主教 127
马丁路德 129
慈运理（Ulrich Zwingli）与布塞珥（Martin Bucer）..134
重洗派 135
约翰·加尔文 138
英国圣公会 141
总结 142

第十四章 英国清教徒主义与安息日 145
概要回顾 145
英国早期的安息日主义（Sabbatarianism）..146
日益激烈的争论 150
安息日：一场要求休息的革命 153
《威斯敏斯特信条》 156
不断延续的传统 158

第十五章 第七日安息日主义 159
第一日？还是第七日？ 159
从约翰·特拉斯基到基督复临安息日派 160

清教徒的处理方案	162
第十六章 清教徒安息日主义的延续	**164**
英国的安息日主义	164
美国的清教徒安息日主义	167
第十七章 世俗化与更新	**171**
周日休息制的进一步扩展	171
周日的世俗化	171
仪式的更新	173
第二次梵蒂冈会议	176
新弥撒曲	178
普世教会的更新	179

后记	185
进深阅读	187
部分参考书目	189
索引	193

周序

对多数华人基督徒而言，周日更多是休而不作之日，而不是耶稣复活的主日。在周日，遵守安息日至多就是去教会参加敬拜。如此敷衍，已成定规，周日去教会多为社交，而非与神相遇。略虔诚的基督徒也是如此，但这绝不符合信仰。我们教会既没有教导、也未曾经历过安息日的祝福（与神亲近、安息的宁静、群体的形成）。神的礼物遭拒；因此，许多随意遵守周日之人，失去了这分别之日应有的怜悯。

从胡斯托·冈萨雷斯（Justo Gonzáles）这一人名可知，他是一位非白人的拉美裔。冈萨雷斯是一个卫理公会的古巴裔美国人，在教会历史领域中极具权威，并为拉美神学作出了巨大贡献。喜欢教会史的人对这个名字肯定十分熟悉，因为他的两卷著作《基督教史》（The Story of Christianity）是神学院与圣经学院的基础教材。冈萨雷斯帮助我们明白并发现，他们的神学是十分种族化的神学。

《主日简史》全书都是论述七日中的一日。冈萨雷斯的叙述虽然简短，却充满了事实论证与丰富的描述。我们都很重视周日，但理由各异。冈萨雷斯对周日进行了系统的描述，回答了"今天的周日是如何发展形成"的问题。这

2 主日简史：从新约到新的创造

本身就是一个引人入胜的故事。冈萨雷斯并不是单调地记录"先发生了这个，再发生了那个"，而是如一位探险家，带我们穿过时光隧道，亲身体验有趣的历史时刻，环游四处，感受周日。

本书是一次探险之旅，探索了礼拜仪式史的四个时期："君士坦丁前"、"从君士坦丁到古代末期"、"中世纪"、"宗教改革及之后的时期"；其中尤其关注"安息日"与"主日"之间的关系演变。从这四个标题来看，本书显而易见是要着重探讨周日成为基督教主要的敬拜日的历史。

对基督徒而言，周日是个"小复活节"，新造的百姓在复活的主里面庆贺生命。在初期教会，周日常被称为第八日。犹太经文用"第八日"这个词象征主的日子。这日在新的创造中永远引领。基督徒相信，耶稣基督的受死与复活是已完成、完美，并应验了应许的新创造。周日这个"第八日"取代了犹太人的安息日，成了一周中最重要的日子。

在第2世纪之前，"主日"这个名称被赋予了另一种含义。"主日"这个词首次出现在《启示录》— 10。"主"这个称呼从第1世纪末开始就指代罗马皇帝，意味着神圣的存在。基督徒称周日为主日，就是在耶稣基督里的信仰宣告。这种宣告意味着他们不能称任何罗马皇帝为"主"。罗马的太阳日（周日）被赋予了基督教的含义。基督徒以基督为太阳，因祂在复活节复活。正如复活节是一年中庆祝光明与生命的日子，周日这个小复活节也被用来庆祝光明，并基督为这个世界所舍的生命。

从公元前1世纪开始，一周七日制已被非正式使用。到公元321年，君士坦丁皇帝正式采用了一周七日制。归信基督教的君士坦丁规定，基督教安息日（周日）为一周第一日，而犹太人的休息日（周六）为最后一日。他颁布了首批法律，严禁在周日公开工作（除务农以外）。这成了周日与守安息日之间的关系变得更加紧密的历史助力。这两者的密切关系是托马斯·阿奎那（Thomas Aquinas）与《威斯敏斯特信条》（Westminster Confession 1648）明确提出并极力支持的。

改教家基本都反对第七日安息日。路德（Luther）甚至在1538年写了一封题为《反对守安息日者》（Against the Sabbatarians）的公开信。约翰·加尔文（John Calvin）蔑视他们。斯特拉斯堡改教家马丁·布塞珥（Martin Bucer）请求地方政府强制定周日为敬拜日，但被拒绝。路德、加尔文与天主教教会皆支持当时盛行的反犹主义。这也导致人们反对守安息日。

16世纪到19世纪的安息日运动严格遵守"身体的休息"。在英国与美国都有法律制裁来支持安息日主义。在英国查理二世（Charles II, 1660-85）时期，一项议会法案规定人们必须去教堂参加礼拜，并禁止属世的工作。在美国，有"蓝色法律"禁止周日贸易。有关休息的命令通常表现为禁止一切形式的娱乐活动与带薪工作。通常在20世纪初期，参加主日敬拜、避免工作仍是民众的职责。

《主日简史》是一本吸人眼球、催人思考的书，你将学到许多未知之事。本书将告诉你，今天的周日是如何演变过来的。冈萨雷斯希望我们珍视主日，并恳求大家不要只是恢复，而是再次发现与认识主日。但在今天这个快节奏的多元世俗社会，这实为难事。我们必须为之奋斗。为了主日，我们要与自己、其他信徒以及这个世界的价值观争战。对许多信徒而言，这个分别的日子完全违背了他们的属世意愿。

　　不管读哪一段时期，笔者都为之振奋。所论皆为务实之事，毫无怀旧的煽情。阅毕，必见识得长，好奇心渐增。欲改变世界，不应跑到街上或广场上，而是共同安坐片刻，在神里面寻求安息，脱去文化的枷锁。冈萨雷斯的《主日简史》正是我们所需的可靠指南，不仅为我们展现了过去所行之路，还将我们引向将来的更新与探索。

周学信
中华福音神学院教会历史和神学教授

陈序

《主日简史》是一本不可多得的佳作。安息日是中国基督徒常用的词语，但中国教会却不多见全面探讨安息日的神学书籍，特别是以神学思想史的角度来纵览教会历史中早期与后期对主日和安息日看法的研究。本书是难得的有深度的著作，作者胡斯托·冈萨雷斯的其它名作，《基督教思想史》和《基督教史》都已译成中文，是许多读者赞赏的工具书。本书短小精湛，文笔清晰，是不可错过的另一本力作。

除了神的名，沙巴特 (Shabbat) 是英语中最普及的希伯来词语，此字不需英译，只是在发音上加以英化为 Sabbath，正如将"雅威"英化为 Jehovah。此字到了汉语则一贯译为安息日。胡斯托·冈萨雷斯是一位杰出的神学史家，神学史强调神学思想的源流与脉络；他的重点自然是早期教父，焦点是历法的转化与变异。思想史总是带着浓厚的古典主义。但到了宗教改革运动，古典主义成了一个暧昧的问题。马丁路德、加尔文与慈运理都是饱受古典教育的人文主义者，但他们字里行间却是批评古典主义。加尔文形容古典的史诗与哲学如同"看见一道遥远的闪光，这闪光一闪即灭，对他的夜行毫无补益；他还走不到一步，又重陷在黑暗中摸索"。加尔文对古典存而不论的态度引发了许多学者对改教家与中世纪经院神学的探讨，一直迄无定论。但到了英国的清教徒时期，就出现了普遍的反古典思潮，也影响了对安息日的理解。

加尔文对安息日的解释对基督新教有深远的影响，他是在《基督教要义》的第二卷（Book 2.8）论十诫中来解释安息日的意义。他以经文、信徒和社会三方面入手。第一是对安息日的解释为《希伯来书》式（四章）的属灵安息。第二是论述信徒在安息日的实际参与。第三，安息日的社会意义是给工人可以不做工的休息，具有《申命记》式的人道主义精神。

加尔文四平八稳的解释却引发了后世的争议。一方面是安息日本身的解经问题，另一方面是在后改教时期，将安息日视为律法与福音的议题之一。但在一些清教徒的著作中，安息日不是众议题之一，而是具决定性的独特议题。

美国威斯敏斯特神学院神学家葛富恩（Richard Gaffin）在《加尔文与安息日》中，仔细研究了 16、17 世纪的安息日神学，他列出四种代表性的流派：反律法主义者、七日安息日派、教会主日派与安息日主义者。反律法主义者看日日都是一样，全盘否定安息日。七日安息日派是 16 世纪的重洗派，他们相信基督没有废掉律法，因此仍要守安息日。（路德的看法是介乎这两种立场之间。他认为人要守安息日，但不需规定日子。）教会主日派认为安息日是摩西之约，只限犹太人，基督徒要守教会的主日。第四是安息日主义者，这是清教徒的主流看法，以《创世记》二章来解读安息日，视其为创造之约的组成部分。

总的来说，安息日在在基督教神学中是关乎两大主题：

律法与福音和创造论。作为第四诫的安息日（天主教是第三诫）是无法灵意化为"另有一安息日的安息"（像加尔文所说的）。基督徒是否要守安息日成为了福音的试金石，这也是基督与法利赛人起冲突的原因。约拿单·爱德华兹说："如果安息日在今天只是象征一种基督徒属灵的安息，以及表征我们的神圣生活，那它就不能算为十诫之一，而是所有诫命的总结。"守不守安息日不单是第四诫的问题，而是整个律法的争议。

第二是将安息日从十诫转移至文化、经济与政治语境中的思考。这是后宗教改革时期中神学变迁的重大课题。英国的清教徒有意识地要对抗中世纪古典主义的世界，其中不可或缺的是在宗教节日上的改革。但他们没有兴趣单单处理不守安息日是否违背十诫的问题，反而更进一步从创造论的角度来探讨安息日的神学意义。

将安息日视为创造论的重要主题具有深远影响，虽然清教徒没有现代企业家的思维，他们不会计算如何在七天少了一天的工作时，依然可以维持高的生产量。但将安息日神学连上工作伦理是颠覆性的，几乎有点像以德国社会学家韦伯的观点来解读"安息日治病可以不可以"的犹太式问题。许多人过度看重韦伯有关资本主义的提纲，但更关键的是其有关新教伦理的立论。新教伦理就是工作伦理，这是韦伯的重点。安息日是基督徒工作的中断，这是中世纪与法利赛人的世界观，但新大陆的美洲垦荒者却强调"安息日是为人设立的创造神学，借此来开拓他们的新天新地。

除了社会性的安息日，我们还可以想象一种政治性的安息日。什么是政治上的安息日？这提问十分近似政治乌托邦的问题，即是如何在无为中产生一种和谐的社会。从早期的重洗派到清教徒直至今天，许多基督徒都拥护一种基督教式的乌托邦主义。他们憧憬一种远离政治，不再争斗的安息日。每一代都有基督徒致力将托马斯·摩尔的《乌托邦》（Utopia）从反讽变成理想，使世界可以进入安息。这种基督教式的无政府主义（Anarchy）事实上是基督教式的乌托邦理想，很少是极端反抗政府的形式。这是指在政治上采取像安息日的态度，祈求在现世中的安康。但此英文字的中译已是根深蒂固，或许解决的方法是像译音一样地来翻译此字，译为"安那基"。

最后，我们应该意识到希伯来语的沙巴特（Shabbat）与中文的安息日不一定是完全对等的，中文的安息不能完全呈现圣经中安息日的含义。大家都知道奥古斯丁在《忏悔录》中说及我们的心只能安息在神的怀中，但安息不是静止，因为神是"行而不息，晏然常寂"，是"不变而变化一切，无新无故而更新一切"。我们不需将安息日局限为一种被动的安息，正如我们不应将沙龙（Shalom）弱化为平安。

安息日绝非节日，不论有多么多的人类学的节期研究，都无法捕捉从《创世记》而来的安息日的超越性。安息日绝非无所事事的闲散，或漫无目的的怠倦，或是时间与人生的停滞。基督教的安息日，既带有创造的意义，又指向末世的盼望，在创造中有新创造。在英语中的 Recreation（再造）变成了娱乐，消遣与游乐的贬义。《中世纪的黄昏》（The Waning of The Middle Ages）的作者荷兰学者约翰·赫伊津哈（Johan Huizinga）曾著《游戏的人》（Homo Ludens），讨论了在文化和社会中游戏与运动所起的重要作用。真正的安息日可以是欢愉的，知性的与社群的，使人获得完全的成全。

现代与后现代的文化困境是不能言说的言说，忙乱中寻求秩序，是一种"追寻秩序的神圣愤怒"。如何在现代的语境中，重塑安息日的意义？这是本书对我们的帮助，使我们可以溯本追源，从教会思想史的角度，形构一种宇宙性的沙巴特（Shabbat）。《威斯敏斯特信条》说，人要守安息日为圣，"整日停止自己的工作、言谈、思想"。但基督教神学就是在安息日前后，进行工作、言谈、思想的属灵操练与反思，由此而产生对现代世界启发式的影响，使人经常重新反省人生中的静与动，有与无的深邃意义。

陈佐人
美国西雅图大学（Seattle University）
神学与宗教研究副教授

10　主日简史：从新约到新的创造

作者序

当首次与朋友说正考虑写一本有关周日历史的书时，大部分的回应都如笔者所料。一些基督复临安息日会的朋友开始给笔者寄有关安息日的书，并介绍与此课题相关的其它资料。另一方面，一些卫理公会和长老会的朋友们鼓励笔者说，现在的周日无非就是足球比赛、沙滩派对诸如此类，是时候有人站出来为日益世俗化的周日发声了。

恐怕此书可能要让他们失望了，但希望此书能超乎他们的期待。首先，这不是一本有关安息日历史的书，也不是关于基督徒如何抛弃这第七日的历史的书，而是关于周日历史的书，记录了基督徒如何看待并遵守周日。因此，只有当论述周日的内容涉及安息日时，才会提到安息日。有证据表明，多个世纪以来，安息日对许多基督徒来说，一直都是很重要的一天，当涉及周日这个主题时，笔者会列出此类证据。不过追述这些证据的详细细节超出了本书的范围。其次，令人吃惊的是，我们很难找到证据证明初期教会把周日和第四条诫命联系在一起，把周日称为"安息日"还是一个相对较新的现象。

纵有失望之处，兴许还有意外之礼。这礼物就是重新发现初期基督徒看待周日时的喜乐与兴奋之情，并为此庆祝。这礼物也是弄明白这个充满喜乐并要庆祝的一天是如何变成休息日的，进而又变成严苛的苦行日——有人为这份严苛的消逝而叹息，有人却为之庆祝。总之，在这个对基督教日益冷漠甚至怀有敌意的21世纪里，这份礼物就是去发现当以前的教会也同样处于敌对环境时，他们对周日有何看见与理解，这将对现今时代的我们有所帮助与激励。

介绍到此想必足矣！让我们一起拆开这份礼物吧！

编者序

本书是胡斯托冈萨雷斯（Justo L. González）又一力作。它虽精简，但所论内容十分有力并富有洞见。本书的独特之处已在周学信教授和陈佐人教授的序言中说明，此处不再重复。编者相信，本书的出版会让华人基督徒对主日的认识有所更新。

本书在追求忠于原文的翻译时，在许多地方都添加了"编注"的脚注。由于冈萨雷斯引用了大量的历史资料，其中有些是许多华人基督徒很少接触、甚至未知的历史资料，"编注"的添加会帮助大众读者更好地明白作者的意思。若"编注"中出现错误，所有责任归咎于编者本人，与作者无关。编者也在本书最后增添了部分参考书目及索引；索引乃依拼音首字母顺序排列。

编者在此特别感谢本书的译者——陈若茹姊妹。她在百忙的英语教学工作和照看两位牙牙学语的孩子的生活中，于每日凌晨翻译此书。同时也感谢吴夏姊妹、方晓微姊妹对本书的中文校对，也感谢蒋忠弟兄对译稿初稿提供了宝贵的建议。愿神记念他们的辛勤事奉！编者也感谢周学信教授和陈佐人教授。二位信仰先辈在百忙的教学和研究之余，仍愿意抽空为本书作序，愿神记念！此外，出版社和编者特别鸣谢熊国力和朱婷夫妇对本书出版资金的奉献支持。愿神记念他们夫妇的爱心及对教会文字事工的负担！

愿荣耀唯独归于神！ *Soli Deo Gloria* ！

第一章 背景：基督教以前的历法

时间的度量

记录时间周期是人类生活的基本所需。农夫需要知道何时播种耕耘，何时有雨，直到下一次作物丰收前，收成可持续多久；牧羊人需要知道何时剪羊毛；水手们需要预测一年中特定时期的风和天气，来安排航行；猎人需要知道何时为满月；那些靠捕鱼为生的人需要知道月相和潮汐规律；宗教仪式因与收获周期和天气有关，也必须在适当的时间举行。

以上各种例子，让人马上想到时间周期的重要性。时间无疑是线性的，光阴一去不复返。而且从绝对意义上讲，未来的事都是还未发生的。对人们而言，日常生活中最重要的不是一千年前发生了什么，也不是一个世纪后将要发生什么，而是明天、下周或下个月会如何——或阳光明媚，或天气寒冷，或烟雨纷飞。

基于历代的观察，我们知道这些本质上都是循环往复的。在最基本的层面上，有黎明、中午、黄昏、夜晚和新一天黎明的循环。在另一层面上，有四季循环——通常是由太阳直接主导，有时候也是间接的，比如尼罗河泛滥或季风。

一周之日

但是天和年的循环不足以维持社会和经济生活的秩序，一个太短，一个又太长，所以需要适中的周期，我们通常称之为周和月。从巴斯克人（Basques）的一周3天，到古代中国人和埃及人的一周10天，再到阿兹特克人（Aztecs）的一周13天，每个文明都需要一种计算天数的方式，用来组织其经济、社会和宗教生活。作为"理性崇拜"的一部分，法国大革命提出一种声称更合理的历法，一周10天。但很快便发现，一周7天的传统已成根深蒂固的普遍认知——特别是后来发现天体也不太会配合去改变其运动规律来顺应法国人所认为的合理之事。

现在所知的7天为一周似乎源自古代闪米特人（Semitic）和美索不达米亚人。当然这对犹太人的生活来说也举足轻重——稍后再加探讨。不过这也是美索不达米亚及其西部地区的文化文明的特征。大部分学者认为，月亮周期和一周7天有关，前者大约是28天，而后者正好与月亮的四个周期一一对应。

我们知道，至少在公元前6世纪，巴比伦的历法是以28天的月亮周期为基础的，每月以新月为始，用几个特殊的日子分为四周：第7日、第14日、第21日和第28日。一般认为这几个特殊的日子不适宜劳作，神圣不可侵犯，以至于有时候被视为不祥之日。但是月亮并不配合，因它的周期其实并非正好28天，而是比28天稍微多了一点。

所以，作为调整，某些月份的最后一周必须增至 8 天，甚至 9 天。典型的一周 7 天，这 7 天指的是 7 个离我们距离最近的天体：太阳、月亮和其它五个肉眼可见的星体。

众所周知，古希腊的历法混乱又令人困惑，因为每个城邦都有自己的历法，有的甚至不止一个。比如，雅典就有三种不同的历法，分别用于生活的三个特定方面：节日、政治和农作。这种混乱的历法一直持续到希腊化时期。那时，亚历山大征服各地，使希腊和美索不达米亚、叙利亚的联系变得更加紧密。于是，这些地区更为合理的历法就开始向西传入希腊。在此过程中，一些古巴比伦的名字被译成了希腊语，因此就有了太阳日、月亮日、阿瑞斯日（Ares）、赫尔墨斯日（Hermes）、宙斯日（Zeus）、阿芙罗狄蒂日（Aphrodite）和柯罗诺斯日（Chronos）。

与此同时，古罗马实行一周 8 天制。第 8 天专门用于集市，来自乡下的人们可以在这一天带着他们的农产品进城。到公元前第 3 世纪，有法律规定，在这天禁止某些与集市相冲突的活动——尤其是选举。公元前 45 年，凯撒尤利乌斯（Julius Caesar）[1]对罗马历法进行了改革，希望让历年更符合回归年。当时在他的东部疆域，一周 7 天制十分普遍，但他却没有采取这种周制。然而，希腊文化对罗马帝国的影响还是很大的。到了奥古斯都（Augustus）时代，一周 7 天就更加广泛了。部分是因为这样更符合月亮周期，部分是模仿东部普遍的周制。这致使 7 日的名字被翻成了拉丁文，然后就变成了太阳日、月亮日、火星日、水星日、木星日、金星日和土星日。但一周 8 天制仍被延用，与一周 7 天制相互冲突，相互竞争。到第 3 世纪早期，一

---

[1] 编注：凯撒尤利乌斯生于公元前 100 年，卒于公元前 44 年。

周7天制已成标准周制,但仍有早期的较长周制遗留下来。到公元321年,君士坦丁(Constantine)正式取消了一周8天制而采用一周7天制,长于7天的周制至此彻底废除。

犹太历法与安息日

关于希伯来历法的起源及其与其它历法的关系,一直以来都存在争议,在美索不达米亚尤为如此。但是毫无疑问,希伯来历法和中东大多数其它历法一样,都是基于数字7和它的倍数。基本单位是一周,以第7日结束,也叫安息日。在7周——也就是七七四十九天——以后的第50天,会有特别的庆祝。因此史学家就称这种历法为五旬七季历(pentecontad calendar)——源自希腊文"50"这个词。一年含有七个这样的50天,总计350天。至于365这个数字,是这样算出来的:过完前四个50天后,会额外加一个为期7天的节日,等到第七个50天结束后,也过一个7天的节日,在这最后一周之前还会再增加1天(200 + 7 + 150 + 7 + 1 = 365)。紧随第七个50天之后的那天是个特殊的日子,要收割头生的谷物,献与神为祭。而随后的那一周,也就是第一个50天的前一周,是个收获的节日,最终发展为住棚节。另一个特殊一周紧随第四个50天之后,此时庆祝逾越节,以记念以色列后裔从埃及重轭之下获得自由。在此期间,要吃光或销毁先前留下的最后的农作物,为接下来第一个50天的丰收做准备。

围绕数字七来建立历法的原则,也用在了年份计算上。每个第七年——七年为一周期——都是安息年。七个安息年后,也就是七个周期后,便完成了一个五旬七季年(a pentecontad of years），迎来禧年。

数字七不仅在希伯来人当中意义特殊，实际上，从迦南地到美索不达米亚的大片地区，都认为七是个不祥之数。甚至到了21世纪，居住在这片区域的人们仍然认为七是不吉利的，有些人甚至不愿发这个音。既然第七日不吉祥，一切有可能带来伤害或造成意外的劳作或活动，人们都会避而远之。因此，在古代，这整片区域的民族在第七日休息的原因并不是要守宗教礼节，而是这一天本身并不是令人愉快之日。因此，以色列人在采用周边这些民族的历法系统时，根据自己的信仰来变其本质，结果使原本凄凄惨惨的第七日，反而成为欢喜庆祝的一天。不过，这是一个漫长的过程，因为刚开始，安息日的休息显然只适用于农活，后来才延伸至其它所有的劳作。第七日在今天是个舒适与享受之日，在那会也同样是个欢喜之日。另外，在这天休息的不仅是身在其中之人，也包括那些依赖于他们的部分——奴隶、寄居者、动物和田地。

在犹太传统中，安息日具有如此重要的地位，以至于一周中剩下的日子都是从这个关键点算起：安息日后的第一天、安息日后的第二天等等。除此之外，安息日重要到一个地步，有时会将"安息日（Sabbath）"这个词用作近义词，来指代从安息日到安息日的整个安息周。这在《路加福音》十八 12 中可以看出。新修订标准本（NRSV）在这里的翻译是"一周两次"，其实直译是"一个安息日两次（twice a Sabbath）"。

虽然安息日总是具有宗教意义，也有神的诫命为依据，但却不是专门用作例行敬拜的一天——敬拜通常是在圣殿中举行，因此对于那些不住在耶路撒冷附近的人来说，也就无法经常过安息日了。后来耶路撒冷陷落，百姓被掳巴比伦。再后来犹太人又分散在罗马和波斯帝国各地，使他们不可能再在圣殿中敬拜，这使地方性敬拜耶和华的常规聚会变得更加重要。这安息的一天，本是用来纪念神的约，现在自然而然就成了聚会的最佳选择时间。于是，会堂就发展起来了，犹太人在安息日相聚会堂，敬拜并阅读、学习经文。不过没有在此献祭，因为会堂并非圣殿。甚至在被掳归回、圣殿重建后，不仅在偏远地区，就是在犹太地区，会堂还是继续作为和圣殿并行的聚会场所——正如我们在福音书和《使徒行传》中所看到的。人们在圣殿庆祝大型节日，并且只有在这里才能举行献祭仪式。然而，便于犹太人实施的守安息日和会堂敬拜在犹太人中广为流传，圣殿却不及此。因此到了耶稣时代，安息日已不仅仅是休息的一天，也是敬拜的重要日子——乃至在公元70年圣殿被毁之时，犹太教还能继续存在，甚至蓬勃发展，这正是得益于会堂和守安息日。

安息日有两方面内涵，既是值得喜乐的一天，也是需要严格遵守的一天，有时候过于严格，使得这一天变得令人烦恼，而非让人感觉自由。这两方面之间一直存在着张力，鉴于其历史渊源也不足为奇。因此常有详细的律法和法规解释，对此做出规定，这在各宗教也是常见的。《米书拿》[2]（Shabb. 7.2）列出了39种被禁止的活动，比如犁地、收割、缝纫甚至打结。这还不够，因为后来发现需要决定打结的定义，有人就指出，用一只手就可以打好的结不算

---

[2] 编注：《米书拿》（Mishnah）大约于公元200年左右编写而成。"米书拿"可直译为"重复、教训"。该书包含了关于行为、风俗、礼仪和律法的规定。

是结。即便如此，反对的声音也一直存在，他们强调安息日的本质是要得安慰和自由，指出安息日的禁令必须是为了人的喜乐和休息，而非宗教约束。这些事就是耶稣和会堂领袖之间冲突不断的背景。这些会堂领袖的行为和规定，剔除了安息日喜乐的特质，和他们要为其他人、物提供喜乐和安慰的侧重点。这些人、物包括仆人、寄居者、动物、田地和一切饥饿、生病或受苦之人。

主日简史：从新约到新的创造

第一部分 君士坦丁之前

毫无疑问，君士坦丁让周日成为敬拜日，他和他的继任者的确给周日的宗教活动带来了许多改变。因此鉴于这段历史，我们不妨在开篇就特别关注一下君士坦丁时代以前的基督教。那时教会还未得到官方认可，因此安排敬拜时，就要尽量不与信徒的活动和义务相冲突。也是在这个时期，原本都是犹太人的教会，开始渐渐外邦化。因此教会必须要商议哪些犹太传统需要保留，哪些要撇弃，正如我们在新约中所看到的。

鉴于这种情况，在本书第一部分，我们希望弄清一个突出的问题，即关于在我们今天称为周六和周日（他们一般称为安息日和安息日后的第一日，或者叫一周的第一日）

的两天里，早期基督徒的生活习惯。不过既然要讨论周日历史，或一周第一日的历史，我们必须还要论述早期基督徒在这一天有哪些活动和与此相关的象征意义。

因此，本书的第一部分提出的主要问题就是：基督徒在一周的第一日聚集敬拜是从何时开始的？他们在那天会做什么？他们如何理解这种行为的重要性？

第二章 日子的命名

七日的第一日

早期的耶稣门徒和随后几代基督徒中的多数人,都是犹太人,因此他们给一周的日子命名时,都是从安息日开始的,比如"安息日后的第一日",以此类推。因此,新约的作者在提到今天"周日"这个词的时候,他们实际上说的是"安息日后的头一日"。《新修订标准本》(NRSV)和其它大部分的英文译本,都准确译为"七日的头一日"。这种用辞可见于《马太福音》二十八1。这节经文描述,在"七日的头一日"(*mian sabbatōn*) 天快亮的时候,几个妇人来看坟墓。其它经文也用了十分类似的希腊文指向"七日的头一日",比如《马可福音》十六2,《路加福音》二十四1,《约翰福音》二十1 (*mia tōn sabbatōn*),《约翰福音》二十19 (*mia sabbatōn*) 和《马可福音》十六9 (*prōtē sabbatou*)。这些经文都论到了耶稣的复活和第一次向门徒显现。

以上经文引用都是有关耶稣的复活,新约中还有另外两处经文也出现了同样的用辞,但是与基督徒生活和敬拜有关。一处是在《使徒行传》二十7，《新标准修订本》（NRSV）译为："七日的第一日（*mia tōn sabbatōn*），我们聚会擘饼的时候……"另一处是在《哥林多前书》十六2，保罗教导信徒："每逢七日的第一日（*mian sabbatou*），各人要照自己的进项抽出来留着……"

当教会多半外邦化后，这种用辞往往被滥用。不过在这之前，这种用辞确实持续使用了一段时间。到第2世纪，殉道者游斯丁（Justin Martyr）在和犹太人德理夫（Jew Trypho）的对话中提到："（耶稣）在七日的第一日（*mia tōn sabbatōn hēmera*）复活后，洗净了我们的过犯与罪恶。"（*Diaogue with Tryphol.* 41.4）[1] 我们看到，虽然希腊教会和拉丁教会很快就开始使用不同的用辞，但叙利亚语的教会还是沿用了这种古老的用辞。

主日

基督教文献中首次出现"主日"的名称是在约翰的《启示录》一10："当主日（*en tē kyriakē hēmera*），我被圣灵感动，听见在我后面有大声音如吹号。" 在希伯来圣经中，"主的日子"这个主题反复出现，意为将来某个时候主会惩治恶人、奖赏义人。因此，这个词暗含末世论的意味。有趣的是，《启示录》的作者虽然深受犹太文化和所有新约作者文献的影响，但是提到"主的日子"这个词时，似乎只是指他个人生活中某个特殊的日子而已。大部分学者都认为，这里所指

---

[1] 除非特殊说明，教父时期和中世纪时期的资料都由作者自译。编注：游斯丁的《与德里夫对话》写作时间大约在公元156-157年间。

的"主日",就是教会聚集敬拜、庆祝耶稣复活的一天。

那时,在罗马帝国的希腊语地区,"主的"(kyriakos)这一形容词,通常用来指向和帝国相关的事物。(保罗在《哥林多前书》十一20中也用这个形容词来指代主的晚餐。)因此,把这个特殊的日子称为主的日子,"有两层重要的含义。第一,这表示耶稣实实在在就是主,这一天就是耶稣的日子。这点显然有点政治味道,因为当约翰写这些话时,当时执政的图密善皇帝(Domitian)活力四射,称自己为"主"(kyrios)。第二,这具有神学含义,因为它似乎表达了在这特殊的一天里所举行的活动具有末世论的含义——稍后我们谈论周日作为"第八日"时,还会再论及此课题。

虽然没有质疑的理由,但其实约翰的《启示录》并没有明说他看见异象的那个"主日"就是七日的第一日。《十二使徒遗训》(Didache)[2] 是一份来源不详的文件,可能早在公元7世纪就已写成,甚至早于约翰的《启示录》。这份文献里记载了一个教导,虽然语法怪异,但好像表明在那时,至少在某些圈子里,"主日"已成固定用法,特指一周中的某一天。这条教导可以翻译为:"每个主日聚集擘饼、感谢"(Didache 14.1)。希腊人所说的其实是"主的主日"(kyriakēn de kyriou)",这种重复最好解释为,第一个"主"是主耶和华自己——(kyrios),而第二个"主日"是指七日中的某一日,那时候称为"主日"(kyriaka)。早在第2世纪,在一篇整体含义不明的段落中,安提阿的伊格那修(Ignatius of Antioch)写信给马内夏人(Magnesians),反对"信

---

[2] 编注:《十二使徒遗训》的写作时间最早可追溯至公元70-80年。该书写作目的是要强调"两条道路":通往死亡之路和通往永生之路(1.1-6.2)。此外,该书也对教会法规作出了相应教导(6.3-16.8)。

奉犹太教之人"（Judaizers），称以前的先知没有遵守安息日——字面的意思是没有"安息日化"（Sabbathize）——而是按主日（the kyriaka）而生活 (*Epistle to the Magnesians* 9.1)。

明确说明主日（the kyriaka）是七日第一日的资料出现于现存的《彼得福音》残片之中。《彼得福音》是一部大约出现在第2世纪中叶的伪福音书。这个文本记载："在主日前夜（hē kyriakē），兵丁轮流看守坟墓，空中有巨响"。在同一时期，还有其它类似资料也提到了"主的日子"。在《彼得福音》成书20-30年后，米利都（Melito of Sardis）写了一部长篇著作《论主日》（*Peri kyriakēs logos*），可惜已经失传了。

从那时候起，希腊教会就把七日的第一日称为"主日"（kyriaka）。

与此同时，拉丁教会很快也采用了这一习惯，就是把我们如今叫作周日的日子称为"主的日子"。于是，*dominica* 和 *dominicus* 从此就成了这一天的名字。现存最早记录使用这些词汇的是特土良（Tertullian）的《论偶像崇拜》（On Idolatry）。[3] 此书一方面批判犹太人，另一方面也指责异教徒。他既反对犹太人的安息日，也反对外邦人的宗教节日，另外提到了被他们所弃的两个基督教的庆祝之日，就是主日和五旬节（*non Dominicum diem, non Pentecosten*）(*De idolatria* 14)。同样，他在另一部《论禁食》（On

---

[3] 编注：特土良（大约公元160-225）在《论偶像崇拜》里的核心观点就是："一个灵魂不能事奉两个主。"他将基督徒描述为第三类人群，有别于犹太人和外邦人，因此要活出与他们不同的生活。犹太人和外邦人已经囊括了所有人类。由此可见，特土良的观点是：**基督徒要与世俗分离，分别为圣**。

Fasting）中提到，甚至在禁食期间，主日（*dominicis*）也要成为例外（*De jejunis* 15）。但是必须要指出，特土良用 *dominicus* 这个词时，有时候是指主的晚餐或圣餐仪式。深受特土良影响的居普良（Cyprian）也会用这个词指代相同的意思。

不过无论如何，拉丁教会很快就采用了希腊的用法，也把七日的第一日称为主日，即 the *dominica dies*，或者简称为 the *dominicus* 或 *dominica*。

太阳日

我们知道，在基督教出现之先，希腊人已经采用了一周 7 天制，每一天都以一个天体命名，罗马人也已经开始如此效仿。那时，首要的日子是柯罗诺斯日（Chronos），或叫土星日，随后是太阳日、月亮日、火星日、水星日、木星日和金星日。但那时的趋势是，太阳日变得越来越重要，部分原因是因为太阳拥有的巨大光辉，部分也是因为强大的政治人物崇拜这无敌的太阳（*Sol invictus*）。从第 2 世纪到第 3 世纪执政的皇帝塞普蒂默斯·西弗勒斯（Emperor Septimus Severus）特别崇拜太阳。此后不久，罗马皇帝奥勒良 (Aurelian)[4] 设立了庄严的太阳崇拜，作为罗马宗教活动的中心。

到第 3 世纪末，君士坦丁的父亲克洛鲁斯君士坦提乌斯(Constantius Chlorus)是太阳神(*Sol invictus*)的虔诚信徒，甚至把对太阳的崇拜上升到太阳一神论。但君士坦丁本人对自己的信仰相当模棱两可。在早年，他的信仰和他父亲

---

[4] 编注：奥勒良在位时间为公元 270-275 年。

一样,崇拜太阳神,后来又将其与基督教相结合——后者逐渐占了上风,不过直到临终受洗时,他才宣布弃绝太阳神。除此之外,还有一种类似的趋势,就是不再认为一周是始于土星日,而是始于太阳日。这个趋势在第2世纪就已经比较明显了。

即使基督徒拒绝崇拜太阳,有时也会把独特的敬拜之日称为太阳日,因为希腊罗马世界主要还是以土星日为一周之始(我们今天称为周六)。鉴于此种情况,大多数非犹太人或至少与犹太教密切相关的人都能明白"七日的第一日"是指土星日,也知道基督徒和犹太人把这一天视为七日的第七。因此,游斯丁(Justin)在《第一护教辞》[5]中对异教读者说道,自己愿意使用"太阳日"这个名词,但同时也会远离太阳日。他告诉读者,基督徒在"**通常被称为**太阳日的那天"聚集,接着又说耶稣在"土星日的前一天"被钉十字架,在"土星日的后一天,也就是太阳日,"向门徒显现(*1 Apol.* 67)。(此处要特别注意游斯丁对土星日的重视,因为他提到周五时,并不是说金星日,而是土星日的前一日。)

游斯丁显然是为了让异教读者能明白他所说的,才勉强使用"太阳日"这个词。在另一部著作《与特来弗对话录》(*Dialogue with Trypho*)中,由于特来弗是犹太人,游斯丁就偏向于按照传统犹太人的理解,提到周日时并不是说"通常被称为太阳日的那天",而是以更加传统的犹太方式,称其为"七日的第一日"(*Dial.* 41.4)。

---

[5] 编注:游斯丁的《第一护教辞》的写作时间在公元150-155年。它描述了早期教会主日敬拜和洗礼仪式,包括了读经、祷告和圣餐。文中认为,定期举行主日敬拜的原因是:(1)记念神创造的第一天;(2)记念耶稣的复活。(第六十七章)

游斯丁用希腊文写作，而 40 年后用拉丁文写作的特土良也采用了同样的写作方法。他的《护教论》中列出了许多流行的对基督教的误解，然后对其进行反驳或干脆否认。其中最后一点，很明显也是他最担心的，就是有人认为基督徒崇拜太阳。他解释了这种想法的来源："这种理解肯定源自我们一个众所周知的习惯——面向东方祷告……同样，我们也在太阳日（*die solis*）做礼拜，但敬拜的原因却和太阳崇拜截然不同。"（*Apol.* 16; 同见 *To the Nations* 13）值得注意的是，和游斯丁一样，特土良也只是在面对预想的异教读者时才使用太阳日这个名字，而在其它作品中通常都是用主日来指代周日。

不过最终，尤其是受君士坦丁及其家族的影响，基督徒称七日的第一日为"太阳日"还是越来越普遍了。不过这也算一种进步，会在另一章中予以说明。

其它日子的命名

我们知道，以天体及其对应的神给日子命名的这一传统源自巴比伦，继而又从希腊传入罗马。当帝国成为基督教国家时，教会领袖们就经常试图更改这些名字，使其与异教脱离关系。他们在希腊东部成功了，因而在现代希腊，主日之后的日子只是按次序简单命名：第二（*deutera*），第三（*tritē*），第四（*tetratē*），以此类推。然而第七日，仍然保留原先的犹太名字，安息日（*sabbato*）。

他们这种努力对拉丁语和西日耳曼语地区成效一般，但是葡萄牙语地区却例外。在第 6 世纪，多米诺（Dumio）（或布拉加（Braga））——在现今的葡萄牙——的马丁（Martin）

（大约在 528-530 年间）就反对使用这些异教名字，提议要和犹太历法一样给日子编号。他以坡里缪斯（Polimius）之名写给一位主教的《论纠正无知》中说：

> 因此，一位受洗归入基督信仰之人，若不重视主的日子（dominicum），反而称这些日子为朱庇特木星日（Jupiter）、墨丘利水星日（Mercury）、维纳斯金星日（Venus）和萨图尔努斯土星日（Saturn）便是极大的愚昧。没有一个日子是属于这些假神的，因为他们行奸淫与巫术，在他们自己的土地上恶贯满盈。然而，如我所说，愚昧之人却用此类名字来尊崇、荣耀魔鬼 (De correctione rusticorum 9)。

结果，在葡萄牙语中，第一日就是以主（*domingo*）来命名，第七日以安息日命名（*sábado*），剩下的五天就简单按照数字来命名：第二日（*segunda-feira*）、第三日（*terça-feira*）、第四日（*quarta-feira*）、第五日（*quinta-feira*）和第六日（*sexta-feira*）。（马丁还提议更改行星的名字，但没有取得多大成功。）

在其它罗曼语族中，教会只是成功更改了每周第一日和最后一日的名称——虽然在第 6 世纪，意大利至少出现一处铭文称周五为第六日（*sexta feria*）。因此现代罗曼语族采用从拉丁文 dominica 变形而来的 domingo, dimanche, dominica。七日的最后一日被称为 sábado、samedi[6]、

---

[6] 法语 samedi 的词源不如其它词汇明显。显然 sabbatum 变成了 sambati，在 12 世纪前变为 samedi。

sabato，源自犹太人的安息日（Sabbath）一词（正如在现代希腊文中，第一日被称为主日（kyriakē），最后一日被称为安息日（sabbato）。

日耳曼民族生活在莱茵河以东、多瑙河以北，在罗马帝国边界之外，他们学邻邦的罗马人，采用一周7天制。此事发生的准确时间和过程无从考证，但是通过日耳曼语族中这些日子的名字可以推算，应该发生于基督教在罗马帝国获得权力之先。因此，在罗曼语中七日第一日的名字和主相关，而在日耳曼语族中，这日的名字还是和太阳相关：Sunday、Sonntag、zondag、søndag。最后一日和土星有关：Saturday, Zaterdag, Samstag。（德国北部是一个特例，周六被称为太阳日前夕（Sonnabend）；另一个特例是丹麦语和其它北欧语系，lørstag 的意思是"清洗日"。）

总之，在大部分的现代北欧语系中，不仅太阳日（Sunday），一周中其它的日子都保留着各自的异教根源：周一（Monday / 月亮日），周二（Tuesday / 战神（Tiw）之日），周三（Wednesday / 主神（Wodin）之日），周四（Thursday / 雷神（Thor）之日），周五（Friday / 爱神（Frigge）之日），周六（Saturday / 农神（Saturn）之日）。在大部分罗曼语族中，第七日的名称（sábado, sabatto, samedi）和犹太人的安息日相关，其余五日则保留了古老的异教用辞——月亮日（lunes），火星日（martes），水星日（miércoles），木星日（jueves）和金星日（viernes）。而在葡萄牙文和希腊文中盛行教会用辞，称七日第一日为主日，第二日到第六日分别按其顺序命名——第二、第三以此类推，最后一日称为安息日不变。

基督徒对异教名字的抗拒随着时间的流逝而减弱。

伊西多 (Isidore of Seville) 写于 7 世纪初期的一段文字表明，那时人们仍知道这些名字的异教起源，至少某些教会领袖依然为这些名字痛心而使用别名——可能使用了马丁 (Martin of Braga) 提议的数字编号。但这段话同时也向我们暗示，伊西多他自己却觉得这场争战已败，或者至少不值得为之奋斗。在他的巨作《词源》（此书试图归纳那个时期的一切知识）中，伊西多写道：

> "日子"(dies) 这个词源自"诸神"(diis)。罗马人以天体为日子命名。第一日以太阳命名，太阳是一切天体之首……第二日得名于月亮……第三日得名于火星……第四日得名于水星……第五日得名于木星……第六日得名于金星……第七日得名于土星……在希伯来人中，第一日被称为安息日后第一日，也就是我们所说的主日(dominicus)，外邦人在那天敬拜太阳。第二日就叫安息日后第二日……基督徒之口若能按教会所行的来说话，那是再恰当不过了。但如果一个人被风俗习惯所羁绊，使得心口不一，那就请他们记住，用来命名日子的这些偶像，他们只是人而已。人被赋予神的荣耀，其名字也被用来指代星体和日子。(Etymol. 5.30)[7]

---

[7] 伊西多没有阐明"教会所行的"之意。但在这段文字之后，他马上解释了"日子"(feria) 这个词的意思，我们可以推断，他可能更倾向于一种最终在葡萄牙人中盛行的系统。

第三章 聚会时间

从会堂到教会

毫无疑问,只要条件许可,早期基督徒会继续参加犹太宗教活动。我们知道彼得和约翰在耶路撒冷时,会在下午 3 点这个祷告的时间上圣殿(徒三 1)。后来,保罗在旅途中也惯常在安息日参加会堂聚会。后世基督徒倾向于把这种行为简单理解为一种明智的宣教策略,但其实不单是一种策略而已。保罗传讲的信息是:神对以色列的应许已透过耶稣应验了。所以,这信息首先传给以色列民,后来也传给敬畏神之人(Godfearers)——就是那些信神、愿意遵行以色列道德律法却不愿成为犹太教徒的外邦人——和世界范围内被邀一同承受这应许之人。宣讲这信息的最佳地点就是会堂。因此,保罗去会堂聚会并不是要人离开会堂进入教会,而是要和其他犹太人一起敬拜,并邀请他们为神在耶稣里所成就的事一同喜乐。

然而,这信息并非一直受欢迎,尤其是因为它似乎为外邦人打开了大门,使他们和神的子民同受产业。《使徒行传》十三章描述了一个典型的例子,就是在彼西底的安提阿所发生的事情。在 16 节中，保罗在会堂中称犹太人和敬畏神之人为"以色列人和一切敬畏神的人"；在 26 节中，他们被称为"亚伯拉罕的子孙和你们中间敬畏神的人"。这引起了众人的兴趣，于是"到下一个安息日，合城的人几乎都来聚集，要听神的道。但犹太人看见人这样多，就满心嫉妒"（44-45 节）。于是保罗便转离了犹太人，外邦人却因此道而欢呼。然而，这并不意味着保罗永远弃绝了会堂。因为在《使徒行传》的下文，他每到一个城市，仍旧继续参加会堂敬拜，直到被驱赶出去。在一生侍奉的尾声，被囚于罗马狱中时，他对那城的犹太人说："我原为以色列人所指望的，被这链子捆锁。"（徒二十八 20）

总而言之，只要条件许可，基督徒——甚至包括那些身为外邦人的——还是会继续以自己为犹太人仍旧参加或至少想要参加会堂敬拜。因此，毫无疑问，初期基督徒的确在安息日与犹太人一起聚集敬拜。[1]

擘饼

但是为了擘饼，基督徒会有他们自己的聚会习惯。早在《使徒行传》就有提及此事，但未深入解释（二

---

[1] 编注：有关早期教会和会堂之间的关系，与敬拜相关的，请参看 Robert Webber, *The Biblical Foundations of Christian Worship*, 1st ed., The Complete Library of Christian Worship, Vol. 1 (Nashville, TN: Star Song Pub. Group, 1993), 105-6; Andrew B. McGowan, *Ancient Christian Worship: Early Church Practices in Social, Historical, and Theological Perspective* (Grand Rapids, MI: Baker Academic, 2014), 65-110; Peter J. Leithart, "Synagogue or Temple? Models for the Christian Worship." *Westminster Theological Journal* 64, no. 1 (2002): 119–33.

42,46）。此处经文表明，在最初时期，基督徒每日都会聚集擘饼。三卷符类福音书都提到了，当耶稣与门徒聚集庆祝逾越节时，设立了晚餐。因此，基督徒的擘饼聚会通常被认为与逾越节晚餐紧密相关。这逾越节晚餐是犹太人用来庆祝他们脱离埃及、重获自由的。与逾越节晚餐一样，基督徒的擘饼也包括对酒和饼的祝福。但最大的不同在于逾越节晚餐每年都是在逾越节开始的时候举行一次，但是基督徒的擘饼聚会却很频繁——通常至少一周一次。从这个角度而言，基督徒的擘饼和犹太人每周举行的安息日餐宴更相似。事实上，古代基督教有关圣餐聚会的文献内容与逾越节晚餐和安息日餐宴上的祷告都相似。

从周六晚上到周日早上

有趣的是，没有任何记载表明基督徒聚集擘饼的时间是在安息日开始之时——按照犹太传统，就是我们今天所说的周五晚上。一周中基督徒用来聚会的那天，通常称为"主日"或"七日的第一日"，在写给外邦人的文献中称为"太阳日"（the day of the Sun）。

最早的相关记载出现在新约《使徒行传》二十章中。在特罗亚，保罗准备第二天早上乘船，作者如此说："七日的第一日 [直译应为"安息日后的第一天"（mia tōn sabbatōn），我们聚会擘饼的时候……保罗与他们讲论"，但是这次聚会却是在晚上，因为保罗直讲到"半夜"，还用到了灯烛。按犹太传统，一天的算法并不像我们一样，从一个午夜到第二个午夜，而是从一个日落到第二个日落。因此，我们所谓的周六晚上，对于他们其实已经是周日的开始。所以保罗他们虽然在周六晚上聚会，但却不是安息日晚宴，因为对犹太基督徒来说，那时已经是七日的第一日了，是复活的日子。

综上所述，当这些初期犹太基督徒还被允许在会堂聚会时，他们参加完会堂的安息日敬拜后，还会在当天晚上聚集擘饼，对他们来说，那时当然已是第二天。

对犹太人来说，这样的聚会时间尤为方便。犹太人世代相传，都知道当如何行才便于守住安息日。有人通过做买卖，便可自行规定日程——比如制作帐篷的保罗和亚居拉所作的；也有人通过积累足够的资源，以避开那些来自社会和市场的压力——比如来自亚历山大的腓罗（Philo of Alexandria）一家。但是这对与日俱增的外邦基督徒来说却极其不便，他们中许多人都是经济不独立的——有为奴的、为人妻的、门客或是雇员，他们的主人不可能每周一天地给他们特殊待遇。因此，由于外邦信徒晚上还要工作，对他们来说，清晨聚会就更加可行。这样，在天亮之前他们便可回去继续工作，尽应尽的职责。

教会中外邦成员人数的增多还带来了另一重要变化。罗马人计算一天并不是从一个日落到第二个日落，而是从午夜到午夜。这就意味着对大部分外邦人而言，第七日的晚上仍然还是第七日，而不是下周的第一日。另一方面，对犹太基督徒来说，第一日始于安息日的日落，直到下一个日落结束。如我们所知，既然在第一日聚会如此重要，而教会里犹太基督徒的比例在下降、外邦信徒的比例又有所上升，擘饼聚会的时间就逐渐倾向于在安息日次日的清晨——通常在天亮以前。这对晚上要工作而无法参加聚会的外邦信徒来说更加方便，也让外邦信徒这个不断增长的群体更清楚地明白，他们是在七日的第一日聚会。同时，犹太基督徒继续保持他们在第一日聚会擘饼的传统。另外，圣经中妇人们是在第一日清晨跑到坟墓，发现坟墓已空的，根据这一传统，在第一日的清早聚会显得合情合理。

这个改变具体在何时发生难以界定，新约中只有《使徒行传》二十章清楚说明"七日第一日"的聚会是在安息日的晚上，这在前文已经讨论了。这就意味着在《使徒行传》的成书时期（大约公元 80 年），基督徒很有可能还是习惯在安息日晚上聚会——今天称之为周六晚上。但是到第 2 世纪中叶，游斯丁称擘饼的那日为"通常被称为太阳日的那天"。由此可知，聚会时间应该是周日早上，因为前一日的晚上一般不会被叫作"太阳日"，而是"土星日"。

这些变化当然也伴随着张力和冲突。在第 2 世纪早期，安提阿的伊格那修就提出，归向基督的标志之一就是"不再遵守安息日，而是按主日而生活" (*Epistle to the Magnesians* 9.1)。后来（具体时期无从考究），另一位基督徒作者也告诫读者，必须谨防犹太人"对安息日的迷信"（*Epistle to Diognetus* 4.1）[2]。在第 2 世纪中叶，游斯丁指出，基督徒在七日第一日聚会，而安息日的律法却是为硬心的以色列人而定的。据此，游斯丁论道，有些基督徒与某些人完

---

[2] 编注：《致狄奥格内图斯》是一份早期教会文献。其作者、收信人及写作时间均不详。有些学者认为，这份文献很可能是以护教及规劝为目的，写给罗马帝国的统治阶级，希望他们能接受基督教信仰，并为基督教信仰辩护，及阐明基督教的伦理生活。无论如何，学者的共识是，这封书信深受保罗神学影响。相关方面的论述，请参看 Michael F. Bird, "The Reception of Paul in the Epistle to the Diognetus", in *Paul and the Second Century*, ed. Michael F. Bird, Joseph, R. Dodson and Mark Goodache (London: Bloomsbury, 2013), 70-90.

全断绝联系,是因为这些人虽然接受耶稣是弥赛亚基督,却仍尽量遵守古时的律法。然而,游斯丁自己对此事更为大度,他愿意接纳这些人,乐意与他们在诸事上相交,只要他们不坚称其他人必须服从这些律法(*Dialogue with Trypho* 47)。

上文引用的伊格那修关于主日的论述是来自简短版本"的伊格那修书信,学者认为这个版本是原始版本。[3] 但是后来——很可能在公元 4 世纪——有人写了一个较长版本"。除了其它方面,这个版本的反犹之意更为强烈。这个后期出现的较长版本写道:

> 让我们不要再按犹太人的方式守安息日,欢庆懒散之日……你们各人要以特殊的方式过安息日,默想律法、赞美神的作为……在安息日聚会之后,各位基督之友要继续守主日为欢庆之日、复活之日与众日之首。"[4]

这段添加的文字说明,最迟在公元 4 世纪,有些基督

---

[3] 编注:学者对伊格那修书信版本的观点有三:(1) 简短版本,包括《致以弗所人》、《致罗马人》和《致坡旅甲》三封书信;(2) 中等版本,包括《致以弗所人》、《致马内夏人》、《致达他拉勒人》、《致罗马人》、《致非拉铁非人》、《致士每拿人》和《致坡旅甲》;(3) 长版本,包括中等版本七封书信在内,总共有十三或十四封。大多数学者接受中等版本。相关论述请参看 Paul Foster, "The Epistles of Ignatius of Antioch," in *The Writings of the Apostolic Fathers*, ed. Paul Foster (London: T&T Clark, 2007), 81-84; J. B. Lightfoot, *The Apostolic Fathers, Vol.II Part II: S. Ignatius, S. Polycarp*, 2nd ed. (London: Macmillan, 1889), 3-9.

[4] ANF 1:62-63

徒，甚至是绝大多数基督徒都是既守安息日，又守第二天的主日。换言之，在七日的第一日所庆祝的主日并非安息日的替代品，而是一个独立的、庆祝耶稣复活的日子。

此后，对守安息日的批判层出不穷，有人说耶稣在十字架上已成全或废除了安息日，另有人说真正的安息日是基督作王之日。但在早期基督教文献中，我们并未发现"周日已经取代安息日"的观点，可能佩塔乌的威克多休（Victorinus of Pettau）[5] 的观点是与此最接近的。他这样解释基督徒在一周最后一日和头一日的聚会：

> 第七日，祂歇了一切的工，赐福这一日，并定为圣日。在前一日（周五）我们习惯于严格的禁食，并在主日带着感恩的心领受主餐。让我们在预备日（犹太人在预备日为次日的安息日做准备，而基督徒却在这天记念耶稣被钉十字架）严格禁食，免得让人以为我们和犹太人一同守安息日。要知道，基督作为安息日的主，藉先知之口说"祂心里恨恶"这一日，因祂在肉身中已废除了安息日。（《论创造》）[6]

以上都是君士坦丁之前的文本资料。至于君士坦丁之后，基督徒关于安息日的看法，我们将另起一章加以研究。

---

[5] 编注：佩塔乌的威克多休（Victorinus of Pettau）为早期教父，大约于公元 304 年殉道。他写的《启示录》注释是拉丁文文献中现存最早的该卷注释书。有学者认为他就是《穆拉托利正典经目》（Canon Muratori）的作者；Jonathan J. Armstrong, "Victorinus of Pettau as the Author of the Canon Muratori," *Vigiliae Christianae* 62, no. 1 (2008): 1–34.

[6] ANF 7: 341-42

但在此之前，对于初期基督徒遵守主日的惯例，我们还有几方面的内容需要了解。

第四章 七日第一日之重要意义

复活之日

七日的第一日对基督徒而言意义重大,主要是因为这是耶稣复活的日子。如前文所述的空坟墓及抹大拉的马利亚与耶稣的相遇,耶稣"在同一天"向去往以马忤斯的两位门徒显现(路二十四 13),也"在同一天"向在耶路撒冷因害怕犹太人而闭门聚集的门徒显现(约二十 19)。主在这一天复活,所以称这一天为"主日"。这是主得胜之日,因此也是所有信祂之人得胜的日子。

从公元 1 世纪开始,人们习惯把安息日后的第一日称为"主日"。到了公元 2 世纪,我们才首次发现这样的命名和耶稣复活有关。相关记载出现在大约第 2 世纪中叶或稍早的伪福音书《彼得福音》中。这部福音书的作者对四卷正典福音书甚是了解,它在复述故事的基础上,还增添了一些大胆的预兆。根据四卷正典福音书的记载,妇人去看空坟墓一事发生在"七日的第一日",伪福音书的作者认为是在"主日的清晨",两者完全是一个意思。这表明主日与耶稣复活紧密相关。

自那以后，希腊作者们不仅称七日的第一日为主日，也称其为复活之日。

主日（the dominica）与耶稣复活之间的联系可以从擘饼与逾越节之间的关系中看出。犹太人庆祝逾越节，以此记念以色列子孙脱离埃及重轭、重获自由的那日。耶和华的使者击杀埃及一切头生的，却"逾越"以色列民之家。逾越节的核心要素是逾越节喜宴，他们祝福酒和饼，并有其它各样的活动来记念出埃及的日子。这是荣耀的一天。现在基督徒也聚集，祝福酒与饼，并分享领受来庆祝、记念这个荣耀的日子，因他们的主在这一天从死里复活，把他们从死亡、罪恶和魔鬼的枷锁中解救出来。这就是为什么耶稣被基督徒称为"逾越节的羔羊"（our Passover）。在那日，以色列子孙用被杀的羔羊之血涂抹在门槛上作为记号，这羔羊因此被看作耶稣的预表，羔羊被杀是为拯救那些跟随祂的人。不过基督徒至少一周聚集一次，特别是在七日中那蒙福的头一日——那是祂得胜的日子。因此，虽然耶稣是在受难的前一夜设立了这最后的晚餐，但却毫无悲伤忧郁之情，因是为了庆祝祂透过自己的死与复活所取得的胜利。

所以，每周与耶稣的死和复活相关的庆祝活动早已存在。七日的第四日和第六日（周三和周五）是禁食日，记念耶稣被卖并受难。第七日守安息日，尽量用来休息。然后到了新一周的第一日，一切都更新了。耶稣复活了！

很早以前（可能自耶稣复活开始），人们就为每周记念的伟大事件设立了相应的周年纪念日，这便是英语文化中"复活节"（Easter）的起源。但是在希腊和罗曼语系中，这个节日被称为"逾越节"（Passover）（Pascha, Pascua,

Pâques, Pasqua）或"主复活之日"（Domingo de Resurrección, dominica resurrectionis）。这是最早设立的一个周年纪念日，远在圣诞节设定之前。

但是要确定具体日期并非易事。部分原因是因为福音书对犹太逾越节和受难周事件之间的联系没有一致的看法。在深受使徒约翰神学影响的小亚细亚，人们习惯在犹太尼散月的第14日庆祝这个周年纪念日。当其它地区的人知道后，就给他们取名叫 quartodecimans，直译为"过第14日之人"。但让情况变得复杂的是，并非所有的犹太历法都是统一的，因此在这些"过第14日之人"之间，他们自己也难以达成共识。同时，其它地区的人长期以来都是在主日举行复活周年庆，这可以和每周主日庆祝耶稣复活相呼应。这争论在第2世纪出现，并持续了很长一段时间，时而温和、时而激烈，好几位很知名的教会领袖也参与其中。优西比乌（Eusebius）对此总结如下：

> 那时（约公元190年），发生了一场非常激烈的争论。因为所有亚洲地区的教会都遵照古老的传统，认为必须在一个月的第14日庆祝救主复活的喜宴……那一天不管是周几都无所谓。但是世界上其它地区的教会都不是按这个日期过节，而是按照使徒传统，认为除了救主的复活之日，一周中其它的日子都不合适。（*Church History* 5.23.1）

实际上，在优西比乌写这段话的时候，冲突已经有所缓和，但并未消失。在尼西亚会议上（公元325年），君士坦丁曾敦促主教们寻求合一。据优西比乌所写,会议的结果是"所有人对庆祝复活节之盛宴的日期达成一致意见"(*Life of Constantine* 3.14)。[1] 然而,在尼西亚会议16年后,当主教们相聚安提阿,参加一个奉君士坦丁之命所建的教堂的奉献礼时,仍要坚持宣称:"任何胆敢违抗尼西亚会议决议之人,若仍然顽固反对这个最明智的决定,都应被逐出教会。"[2]

随后几年,类似的法令相继颁布,这表明关于日期的设立仍意见不一。不过随着"过第14日之人"这个团体的消失,对此盼望已久的共识可能会在那时终于实现。[3]

讲述这段历史是因为关于"过第14日之人"的争论还是很重要的。反对"14日主义"的原因主要有两个:第一,既然在每个主日(the dominica)都会庆祝耶稣复活,那么教会选择把复活节周年纪念日设立在同一天也是合情合理;第二,教会按犹太历法为这个重大节日设定日期是极不合理的,因为教会里的外邦人多于犹太人,那些仍坚持守安息日的人会遭到众人批评。因此,教会决定不按犹大历法

---

[1] 编注:《君士坦丁生平》成书于君士坦丁大帝驾崩(公元337年)后,优西比乌并未完成此书。

[2] 摘自 Charles Joseph Hefele, *A History of the Councils of the Church from the Original Documents* (Edinburgh: T&T Clark, 1878), 2:67.

[3] 完全的统一比较困难,因为在希腊罗马世界,并非所有的历法都是统一的。曾有一段时间,日期计算由亚历山大教会负责,然后将结果告知罗马,并在整个西方教会通用。公元6世纪,狄奥尼西(Dionysius Exiguus)发明了一种更为详细的公历。然后,在第8世纪,爱尔兰又起了争论,因为爱尔兰历法与欧洲其它地区的历法不一致。最终,当格列高利十三世(Pope Gregory XIII)在16世纪改革历法之后,连理论上的统一也荡然无存了。不过由于东方教会没有采用这种新的格列高利历法,而是延用了旧的儒略历(Julian calendar),因而复活节虽然都是在周日,但就具体日期,还是无法达成共识。

为基督教重大节日设立日期。

不管最后这个日期是如何确立的，庆祝复活的周年盛宴成为史上最早的基督教节日，基督徒称其为复活节（pascha）。随后不久（具体时间不明），人们也选择在这一天为那些预备受洗之人施洗。受洗的预备一般需要好几年的时间，最后由神职人员为其祷告，接受平安之吻，并领受圣餐，便可加入会众。虽说每个主日都会庆祝耶稣复活，但信徒若能在一年一次的复活盛宴之日，与基督同死同复活，似乎最为合宜。

创造的第一日

在早期基督教文献中，我们很清楚地看到，基督是一切新造之物的开端。比如使徒保罗的名言："若有人在基督里，他就是新造的人。旧事已过，都变成新的了。"（林前五17）我们会自然地把耶稣道成肉身的工作和起初的创造联系起来，因此《约翰福音》开篇就提到：这道太初与神同在，万物是藉着祂造的，祂是道成肉身的耶稣。

这样的论述即刻阐明了庆祝新创造（从耶稣的复活开始）和庆祝起初的创造之间的联系。根据《创世记》第一章记载的古代传统，神在六日内将万物造齐，第七日就安息了，并因此设立了安息日。这就意味着，创造的第一日也是七日的头一日。早在第2世纪中叶，游斯丁在写给外邦人的书信中，就清楚说明了这种关系。他采用了外邦人的术语，写道：

我们惯常在太阳日聚集，因为这是神驱走

> 黑暗、创造世界的第一日，也是我们的救
> 主耶稣基督从死里复活的日子。祂在土
> 星日（在罗马人中，土星日是一周的第一
> 日，也是最重要的日子）前一天被钉十字
> 架，在土星日的后一天，也是太阳日，向
> 使徒和门徒显现。（*1 Apol.* 67.7）

主日既是主的复活之日，也是这位主开始创造的日子，这种论点有力地反驳了诺斯底派、马吉安等异端的观点。他们认为物质的创造是邪恶的，不是出于那位在耶稣基督里显现的神。然而这个理论的发展过程超出本课题的范围，所以此处不加探讨。

第八日

基督徒和犹太人并不相信这种周复一周、年复一年的循环是无止尽的。终有一天，这种循环会停止，迎来一个全新的时代。这将是最终的安息日，一个喜乐、安息的永恒之日。鉴于基督徒在七日的头一日庆祝主的复活，也把这一日和创造的第一日联系在一起，他们很快就指出，七日的头一日也是第八日，他们在这一天除了庆祝耶稣复活和创造的开端，也庆祝第八日的应许，即永恒的开始。

虽然犹太文献中鲜有先例提及这种观点[4]，不过在现

---

[4] 学者通常是指《以诺书》（the Book of Enoch）91.12-13："自那以后，将迎来安息日后的第八日，即公义之安息日......将有房子为永远荣耀的大君王而造。"译文来自 James H. Charlesworth, ed., *The Old Testament Pseudepigrapha*, vol. 1, Apocalyptic Literature and Testaments (Garden City, NY: Doubleday, 1983), 73.

存的基督教著作中，明确表达这种观点的是《巴拿巴书》。这本书的写作年代不详，大约是在公元95年到135年之间。此书作者认为，罪人是不可能履行使安息日成圣这一诫命的。他说道，"若认为内心不洁之人可以让神所定的圣日成圣的话，我们就大错特错了"（*Epistle of Barnabas* 15.6）。只有当"罪人被称为义、应许实现"的那天，我们才有可能使之成圣（*Epistle of Barnabas* 15.7）。因此，神藉先知之口责备以色列祖先试图使安息日成圣的作法，似乎想表达："现今你们所守的安息日，我并不悦纳。我所喜悦的安息日是我所创立的、万物安息之日。我将创立第八日作为另一个世界的开端"（*Epistle of Barnabas* 15.8）。对此，伪巴拿巴（Pseudo-Barnabas）补充道："这就是为什么我们理应欢喜庆祝第八日，因这是耶稣从死里复活之日，并在众人见证下升天。"（*Epistle of Barnabas* 15.9）换言之，七日的第一日是基督徒庆祝耶稣复活的日子，也称为第八日，是指向永恒喜乐与安息的日子。

几十年后，殉道者游斯丁在和德理夫的对话中，也认为主日和第八日相关。他通过一系列预表解经法说明，希伯来圣经中的数字八是指一周中的第八日，就是耶稣复活之日。因此，在第八日行割礼，就预表耶稣将在第八日复活（*Dialogue with Trypho* 24.1; 41.4），也预表挪亚洪水时期获救的八个人（*Dialogue with Trypho* 138.1）。

在一些比较混乱的文本中，亚历山大的革利免推测了"一周之日"和"哲学家、医生等人的智慧"这两者之间的关系（*Stromateis* 5.14, 6.16）；特土良的著作中也出现了一个非常简短、意义不清的词组，也是有关这个第八日的课题的（*On Idolatry* 14）。除这两份文献之外，还有一份来自第 3 世纪的文本值得关注。这文本就是居普良（Cyprian）写给某主教的一封信，这封信解答了主教就受洗所提的诸多问题。居普良在信中再次提及割礼、洗礼和第八日之间的联系。他的结论是：

> 犹太人在第八日行割礼这个奥秘，其实预表了基督的来临。因为第八日——安息日后的第一日，是主耶稣复活之日，对我们来说是属灵的割礼。先出现的第八日，就是安息日后的第一日，即主日，其实是一个记号。一旦实际的事情发生，我们受了属灵割礼之时，这个记号就不复存在了。
>
> (*Epistle* 64.4.3)

至少在君士坦丁之后，这种象征的意义常常体现于我们所知的许多八边形洗礼池。这种池表明洗礼是通往永恒喜乐的第八日的第一步。这一惯例是在君士坦丁之前就出现的吗？鉴于证据的缺乏，我们无法考证此事。在杜拉欧普洛斯（Dura-Europos）发现的第 3 世纪后期的洗礼池是考古学家重建的洗礼池中历史最久远的一个。这是个规模较小的方形池，因此受洗者需要跪在里面，才能让站在池外的施洗者将水灌在他们头上。但是君士坦丁后不久，就出现了许多八边形的洗礼池。

无论如何，在君士坦丁之后，主日就不单是指一周的第一日，也指第八日，就是末世应许之日。比如，奥古斯丁（St. Augustine）在其伟大的《上帝之城》（本书讲述了奥古斯丁所理解的人类历史，以神的六天创造为基础，把人类历史分为六个阶段）的结尾部分，提出这样的盼望：

> 第七个阶段就是我们的安息日，一个没有日落的主日，就是第八日——因基督复活而成圣的永恒之日，预表灵魂和身体的永恒安息。那时，我们将安息并看见，看见并相爱，相爱并赞美。看哪，这就是永无止息之日的本质！（*City of God* 22.30.5）

简言之，七日的第一日通常被称为主日（the kyriaka 或 dominica），在这一天人们庆祝救赎历史上的三大事件。首先，它是主复活的日子，因此这一天成为新造之物的开端。其次，它是起初神创造天地的开始之日，因此人们在这一天欢庆神的良善和祂丰盛的供给。最后，它是一周的第八日，指向万事的结局，因此也成为充满盼望的一天。

第五章 基督教在七日第一日的礼节

不以禁食或下跪为庆祝方式

除团体敬拜之外,关于基督教在七日的第一日(事实上,包括其它任何一天)有何特殊仪式,鲜有文献记载。在仅有的少数资料中,大多数内容都与禁食的日子和祷告有关。比如特土良所写的"在主日,不允许禁食或下跪"(*On the Crown* 3)。

关于何日为禁食之日,说法不一,较为复杂。有许多文本记载,周五是禁食之日,是耶稣被钉十字架的日子;也有许多文本认为周三是禁食之日,是耶稣被卖之日。反犹太传统的《十二使徒遗训》告诫读者:

> 你们不要与法利赛人同时禁食。他们既然在一周的第二日与第五日禁食(我们称周一与周四),那么你们就应该在第四日与预备日禁食(我们称周三与周五)。(Didache 8.1)

在有关禁食的诸多文本中,有特土良的论著《论禁食》,写给那些不愿禁食之人。在特土良《论祷告》中,有一章节内容非常简短,但与我们的课题密切相关。此文本描述了有人在专门禁食的日子里[1]拒领圣餐,认为饼与酒会使他们的禁食中断。特土良严厉斥责了这些人,回应说,"我们通过禁食与神联结,圣餐非但不会破坏这种联结,反而使其更加牢固"。这段内容极有意思,因为在现存的文本中,它最早论述了领受圣餐之前的禁食问题。文本传达的意思是在某些禁食之日,会有此类问题发生。但既然特土良并未说明这天是主日(the dominica),那么很可能是指举行圣餐的其它日子,或某些特定的周日(出于某种原因,有时也会在周日禁食)。总之,特土良没有明说。

然而,短短几十年以后,就有《使徒教训》(*Didascalia*, or *Teachings of the Apostles*)如此描述耶稣的命令:"你们不可在七日的第一日禁食,因这是我复活的日子。"(*Didascalia* 13)此文本还规定禁食要从安息日前一天开始,直到七日第一日的最初几个小时,因为在这段时间里,耶稣被钉十字架,并被安放在坟墓中。而后就结束禁食,迎来喜乐的一天,信徒必须"吃喝庆祝、欢喜快乐,因为基督已经复活了,成为我们复活的初熟果子!"(*Didascalia* 13)

毫无疑问,根据这段文本,不许在主日禁食的原因是:这天理应是欢喜庆祝之日。因此这个文本一开始就警告信徒,在这日不可过分快活,不可参加献诗给偶像的聚会,更不能参加某些轻浮、有亵渎之意的活动。

---

[1] 其实特土良说的是"静默之日"(days of station / stationum diebus),但大多数学者都认为,这是指专门禁食的日子。

关于基督徒的祷告礼节，希坡律陀（Hippolytus）的《使徒传统》（*Apostolic Tradition*）是极有价值的文献。[2] 虽然这份文献源于第3世纪初期，但希坡律陀在书中解释、辩护的内容都是他年幼时所知所接纳的传统。因此学者认为，书中描写的内容应该发生在第2世纪中叶的罗马，甚至更早。此书大部分内容是关于礼拜仪式的，留待本章后文讨论。但是关于信徒每日该如何遵守祷告礼节，希坡律陀也有所概述：

> *所有忠实的信徒，不论男女都要在清晨早起，在开始工作之前，洗手向神祷告，然后方可回去继续工作……*
>
> *下午3点你若在家，就要祷告感谢神；若你碰巧不在家，就要在心里默祷。因为基督在此刻被钉在木头上……6点也同样要祷告，因为基督被钉十字架后，幔子裂开，遍地黑暗……9点的时候要有更正式的祷告，满心献上感谢……上床休息前再次祷告……午夜起来，用水洗手祷告……鸡叫之时，还要起来祷告。*（*Apostolic Tradition*

---

[2] 编注：有关对希坡律陀的《使徒传统》的研究，请参看 Alistair Stewart-Sykes, "Introduction" in Hippolytus, *On the Apostolic Tradition*, ed. John Behr, Popular Patristics Series, Number 22 (Crestwood, NY: St Vladimir's Seminary Press, 2001), 11-52.《使徒传统》的注释书：Paul F. Bradshaw, Maxwell E. Johnson, and L. Edward Phillips, *The Apostolic Tradition: A Commentary*, ed. Harold W. Attridge, Hermeneia–a Critical and Historical Commentary on the Bible (Minneapolis, MN: Fortress Press, 2002).

4.35–36）[3]

这是希坡律陀提出的包括主日在内的每日礼节。根据特土良的记载，在主日除了参加聚会、站立祷告之外，每位基督徒也遵守这种日常祷告礼节，但唯一的区别是，他们不会在主日下跪祷告。

基督徒在平日都有下跪或俯伏祷告的习惯，而七日的头一日（主日）却例外，这说明主日是喜乐之日。对此最早的证据[4]之一大约出现在公元200年。那时教会一般只在主日与五旬节才禁止下跪，但却有少数人在安息日（七日的最后一日）也拒绝下跪，从而引起纷争。特土良就此作了评论被广泛引用，因为他不仅提到在某些日子不可下跪的习俗，更是阐明主日不可下跪的理由（还因为在此文本中，特土良展现出一种和平主义精神，这与他以往的态度截然相反，不过这另当别论！）。特土良在评论里说道：

> 在下跪祷告的问题上，人们意见不一。主要是因为有少数人在安息日拒绝下跪。现今既然各教会已经开始讨论这个话题，我便祷告，愿这少数人能靠主恩典而顺服，或者继续如此行，但至少不要冒犯他人。但是，我们所受的教导只说不可在主日下跪。而且在主日我们不仅不可下跪，就是其它带有焦虑或顺从意味的姿势也不可

---

[3] 译自 Burton Scott Easton, The Apostolic Tradition of Hippolytus (repr.; Ann Arbor: Cushing-Malloy, 1962), 54–56.

[4] 据一份真实性存疑的文本记载，爱任纽（Irenaeus，生平时间比特土良早了几十年）证实，在主日不可下跪的习俗始于使徒时期。

有……免得给魔鬼留地步。(*De oratione* 23)

特土良所认为的传统礼节是指在主日祷告时不可下跪。还请注意不可下跪的理由是，在那日你不应表现出在主人面前的忧虑与顺从，而应表现出在父亲面前的信心与安慰。在主日，信徒借着耶稣复活成为神的儿女，因此不必像往常一样在神面前谦卑自己。

但实际未如特土良所盼，此事没有迅速得到解决。到了第4世纪，问题显然就不再是某些人在安息日拒绝下跪了，而是有人每日都下跪。在公元325年，针对这些在主日与五旬节也下跪的人，教会通过尼西亚会议颁布决议，反对这些人的行为，规定在主日与五旬节必须站立祷告（Council of Nicaea, canon 20）。显然有人在会议期间抗议，但特土良的著作表明，站立祷告的礼节仍然持续了很长一段时间。

回到希坡律陀，有趣的是他提到在第一次祷告与第二次祷告之间可能会举行一场崇拜。这表明，在他那个时候，人们通常在七日第一日的清晨聚会（就是我们今天所谓的周日早上），而不是前一天晚上（我们今天所谓的周六晚上，在当时是周日刚开始的时候），这与使徒行传中记载的例子不同。那时希坡律陀的教会大部分都是外邦归信者，对他们来说，清晨聚会比晚间聚会更方便，因为清晨他们不用工作。教会里也有许多人无法每次都公开祷告，有时候必须"在心里默祷"。

正如不可禁食一样，在这一天也不可下跪祷告，这凸显了主日喜乐、胜利的属性。这一点我们在上文引用特土良的著作（有关主日为何不能下跪的那段文本）时已经说明。

主日敬拜

要厘清初期基督徒敬拜的大部分细节，虽说不是不可能，但也非常困难。首先，无法确定一个地方的惯例是否在另一个地方也适用；当时通讯落后，各地礼节难以统一。第二，大部分描述敬拜[教会法规（church orders）]的现存文本年代不详，大多数都声称源自使徒时期。第三，无法知晓这些教会法规到底是当时的实际情况，还是作者试图通过这些法规影响当时的敬拜方式。即便如此，只要我们不作过多概括，或试图在各样证据中寻求统一、要求绝对连贯性，就有可能勾勒出初期基督徒敬拜的大致框架。

我们至少可以肯定，七日第一日的敬拜是充满喜乐，而非悲哀伤感的。本书之前几页引用的所有文本印证了这一点。在七日第一日，首先要庆祝主的复活，然后庆祝神丰富的创造和祂对"第八日"这一喜乐永恒之日的应许。因此就不断有禁令颁布，规定在那日不可下跪或禁食。

我们还可以确定，初期基督徒敬拜的核心是以酒与饼为主的一场聚餐。根据福音书的记载是按领餐、祝福、擘饼与奉献的顺序进行的（《十二使徒遗训》第九章记载，是先酒后饼，但其它大部分文献所记载的顺序与此相反，通常与今日的顺序一样）。如前文所述，聚会时间最初是在七日第一日刚开始的时候，也就是在安息日日落以后（今天称之为周六晚上）。可能有一段时间信徒会如往常一样，在安息日先去会堂祷告、唱诗、读经、听人讲解经文并学习如何应用。但是随着犹太人与基督徒之间的分歧不断扩大，双方对经文的解释也发生了冲突。于是，会堂就不再接纳基督徒了，祷告、唱诗、读经与经文解释这些崇拜活动，就被安排在了基督徒聚会刚开始的时候，也就是聚餐或主餐开始之前。

这就带来了一些新的难题。圣餐是基督徒的庆祝活动，已受洗与基督联合之人透过圣餐接受基督的供应。《十二使徒遗训》对此清楚说道："除奉主圣名受洗之人，其他人不得吃喝你们的感恩之餐。因主说：'不要把圣物给狗'。"（*Didache* 9.5）因此特土良说，只有受洗之后才能领受圣餐（*On the Crown* 3）。希坡律陀在《使徒传统》中说："慕道者不可参加主的晚餐。"（*Apostolic Tradition* 27）[5] 对于虽未受洗却正在了解基督教信仰、预备受洗之人，经文学习、祷告与唱诗的活动必须向他们开放。因此，按照当时的习俗（多位作者的著作皆已证实），教会允许并鼓励那些预备受洗的慕道者[6]参加敬拜仪式的第一部分，内容包括祷告、唱诗、经文诵读与解释。然后在圣餐仪式开始之前请他们散去。古时的文献中，对这方面记载最详细的是希坡律陀的《使徒传统》。内中提到受洗之后的新信徒首次与神职人员一起参加"忠实之人的祷告"，为世界代祷并领受第一次的圣餐。（*Apostolic Tradition* 22–23）[7]

因此，敬拜仪式分为两部分，通常被称为圣道仪式（Service of the Word）与圣餐仪式（Service of the Table），后来被称为慕道者弥撒（Mass of catechumens）与信徒弥撒（Mass of believers）。

请不能参加之人在领受圣餐时离场这一做法，发生在

---

[5] Easton, *Apostolic Tradition of Hippolytus*, 50.
[6] 关于慕道者的详细解释，见 *A History of Theological Education* (Nashville: Abingdon, 2015), 9–14.
[7] Easton, *Apostolic Tradition of Hippolytus*, 48.

君士坦丁很久以后的时期。有众多证据可以证明。其中之一是第 4 世纪晚期的老底嘉会议（不是新约中的那个老底嘉，而是弗吕家的老底嘉）。大会第 19 条规章规定：

> 主教讲道结束后，首先单独为慕道者祷告；慕道者离去后，为忏悔者祷告；忏悔者接受完按手祷告离场后，还有三个类似针对信徒的祷告：第一个是默祷，第二与第三个是出声祷告。紧随其后便是平安之吻……然后献圣祭（prosfora：直译为呈现祭品或祭品本身）。

要点总结

本章在整体上有几大要点，可以帮助我们更好地理解周日的发展历史，概括如下：

第一，大量证据表明，最初基督徒为记念耶稣在七日第一日擘饼聚会。因为一天的计算是从一个日落到下一个日落，初期教会大部分的信徒都是犹太人，所以那时的擘饼聚会时间很可能是在安息日日落之后。根据犹太人计法，就是七日的第一日，对我们来说就是周六晚上。

第二，随着教会中外邦信徒人数的增多，擘饼聚会的时间虽仍在同一晚上，却延迟到午夜之后、日出之前。这样做有两大原因：首先，对外邦人来说，在日出之前从日常职责中抽空聚会比晚上要容易。其次，在外邦人看来，一周的第一日是从第七日的午夜开始的。

第三，在初期基督教文献中，我们发现了许多反犹太的论点。有人指责犹太人在安息日虚度光阴；有人称耶稣已经成全或废除了安息日的律法；还有极少数文本可能暗含基督教的主日已经替代安息日之意；还有人建议基督徒在第七日也应该守安息日，但是要以他们自己的方式，用来预备主日。

第四，那时没有人期望在主日歇了一切的工，全天投入到祷告、默想与圣经学习中。

第五，基于以上情况，在古时的教会，第四条诫命与守主日之间显然还没有关联。

后来，这种关联在基督教敬虔观和神学理念中才司空见惯。

第六，七日的第一日——主日，不是一个严苛或苦行的日子。相反，这是充满喜乐、值得庆祝的一天。这一天不仅与耶稣复活相关，也是创世开始之日，是新造之物的开端，同时也关乎对"第八日"这个末世论的期待。既然是庆祝之日，在主日便不可禁食；又因为在这一天，信徒成为大君王之后嗣，故也不可下跪祷告。

最后，基督徒的周日敬拜并不如我们所想的那么简单。比如，有些与受洗有关的礼仪相当复杂，许多都是通过特定姿势和象征符号（油、牛奶、蜂蜜、水等其它物品）来表达的。

第二部分 从君士坦丁到古代末期

第4世纪早期,教会生活发生了一项重要的变化:在几十年的时间里,基督徒逐渐摆脱了残酷的迫害。最初基督教只是被接纳,后来得到国家支持,最后成了除犹太教以外,唯一得到官方认可的宗教。

这巨大的变化给教会生活各方面都带来了影响。主教与教会的其他领袖现今成了重要人物;教堂建筑越发华丽;归信者用来预备受洗的漫长的慕道期,实际上也不复存在了;基督教文学蓬勃发展,也因其得到了应有的保护,加之存之有方,单单一位作家——如奥古斯丁(St. Augustine)——的现存作品数量就远超早期基督教所有的保留的作品数量。这也意味着,从本段历史开始,我不可能再像写前几章一样,列出与课题相关的每一份文本。因此我只能选择性地引用一小部分例子,希望所选的都是典型例子。

周日本身也发生了重要改变。首先,这一天成了休息日——君士坦丁的这项立法时至今日仍影响着我们。其次,敬拜方面也产生了重要的改变,包括敬拜的具体操作与对敬拜的理解。

第六章 君士坦丁与新帝国政策

君士坦丁的法令

公元321年3月7日，君士坦丁颁布了一部法令，引发了诸多关于基督徒如何遵守七日第一日之历史的讨论。法令内容如下：

> 在太阳日这个庄严的日子里，居住在城内的地方行政官与百姓都要休息，所有的店铺都要停业。然而在乡下，农夫可以自由合法地继续工作，因为隔天可能就不适合撒种或种植葡萄树了。因此农夫可以例外，以免错过最佳时机而失去上天的馈赠。（*Codex Justinianus* 3.12.3）[1]

基于这份法令，人们通常认为是君士坦丁使七日第一日成为基督教敬拜之日；在此之前，基督徒都是在每周的

---

[1] 译自 Philip Schaff, *History of the Christian Church* (New York: Thomas Y. Crowell, 1894), 1:487.

安息日敬拜。

　　这种解释时常是以法令颁布后不久的两位初期基督教史学家所著的文章为依据，它试图主张君士坦丁的法令有偏向基督教的动机。第一位史学家是凯撒利亚的优西比乌（Eusebius of Caesarea）。他在《君士坦丁生平》一书中写道："他【君士坦丁】颁布的法令规定某一天要专门用来祷告。这天就是七日的第一日，一周中最重要的日子，属于我们救主的日子。"（*Life of Constantine* 4.18）

　　一个世纪以后，另一位史学家苏佐门（Sozomen）[2]再次提到这段文字时，更明确地指出君士坦丁颁布这部法令是为支持基督徒："他（君士坦丁）规定，在主日——即犹太人所谓的七日的第一日，异教徒用来崇拜太阳的日子……他尊崇这一天，因为这天是基督从死里复活的日子。"（*Church History* 1.9）

　　然而，不管是优西比乌还是苏佐门，都没有说是君士坦丁规定，基督教崇拜必须在周日早上，甚至连相关的暗示都没有。正如我们所知，在君士坦丁很早之前，就有大量文本证明，基督教崇拜的时间主要是在七日的第一日，基督徒称之为主日（kyriaka 或 dominica）。例如，优西比乌在论述早期异端伊便尼派（Ebionites）时，说道："他们遵守安息日和犹太人其余的规条。但是在主日（kyriaka），他们遵守与我们相同的仪式规则，记念主的复活。"（Eusebius, *Church History*, 3.27.5）

---

[2] 编注：苏佐门是公元5世纪的教会史学家。关于他生平的资料很少。他受教于一位修道士，在广泛游历之后，定居于君士坦丁堡，成为一位律师。那时，他萌发想法，延续优西比乌的教会历史。他的著作包括了九卷，涵盖了从公元323年到425年的教会历史。

第六章 君士坦丁与新帝国政策

我们若仔细研究君士坦丁的法令，就会发现里面并没有说周日是"七日的第一日"或"主日"。事实上，在君士坦丁时代，七日的第一日并非我们的周日，而是周六——土星日。因此，根据罗马历法，君士坦丁规定要休息的那天实际是七日的第二日，按传统是拜太阳的日子。此外，法令中并未提及敬拜，而只是提到了休息。至于法令特别支持基督教的看法是基于七日第一日为耶稣复活之日的观点，只是优西比乌和苏佐门等基督徒自己的理解。不过，优西比乌倒没有说是君士坦丁让这日成为基督徒的祷告之日，只是说他使这日成为一个普遍的祷告之日，这恰巧与基督徒守主日的惯例相吻合。一个世纪之后，苏佐门进一步提出君士坦丁颁布法令是因为这天是耶稣复活之日。

但事实上，君士坦丁与其家族长期以来热衷信奉的是那不可征服的太阳（*Sol invictus*）。在很长一段时间里，罗马异教都倾向于一神论，至少以太阳为诸神之首。在某种程度上，这降低了农神萨图尔努斯的地位。萨图尔努斯一直都是诸神之首，以其命名的日子——周六（Saturday）——在罗马标志着一周的开始。在一生的大部分时间里，君士坦丁对基督教信仰的委身都十分模棱两可。他这么做，明显是为了同时讨好基督徒民众和信奉太阳神的其他民众。的确，他终止了对基督徒的一切迫害，也给予教会与其领袖各种特权。但他作为太阳神的大祭司，并没有弃绝太阳神。据说，当君士坦丁走在路上，亲自为君士坦丁堡设置城墙范围时，有人问他，他还打算走多远？君士坦丁的回答是："直到神引领之处。"这里的"神"可以是基督徒所理解的神，也可以是其他人所理解的太阳神。只到生命最终那一刻，他才受洗。

对于君士坦丁颁布的在太阳日休息的法令，优西比乌和苏佐门等基督徒可以将其理解为是对他们的特许。但其实更可能是出于君士坦丁刻意模棱两可的宗教政策和他想要把太阳神的地位提到萨图尔努斯之上的意图。

即便如此，这部法令确实对周日的历史产生了巨大的影响。此前，基督徒还没有把遵守主日与安息日安息的诫命联系在一起。周日不是用来休息的。对那些没有自主时间的基督徒而言，更是如此。既然周日成了休息日，民法就要规定在那天哪些工作才是合法的。紧接着教会法规也规定了哪些活动在周日是被允许的，哪些是被禁止的。在这种情况下，把周日与安息日安息的诫命互相关联就不足为奇了。这就是君士坦丁的法令所带来的巨大改变。这种周日与安息日安息之间的联系并未出现在初期基督徒的思想和敬虔生活之中。长远来看，这法令还引发了周日是否废除了安息日、基督徒崇拜是否应该在安息日举行等诸多讨论。

其它法令

公元 321 年的第一条法令颁布后，罗马帝国继续颁布了许多有关"太阳日"的其它法令。[3] 在第一条法令颁布数月后（7 月 3 号），出台了另一条释放奴隶的法令。这条法令照样没有提到基督教，君士坦丁再次称这日为太阳日"（die solis）。后来，到了公元 365 年，瓦伦提尼安皇帝（Valentinian）和瓦伦斯皇帝（Valens）联合颁布法令，规

---

[3] 详见 William K. Boyd, *The Ecclesiastical Edicts of the Theodosian Code* (New York: Columbia University Press, 1905).

定在这日不得带基督徒上法庭。他们仍称这一日为太阳日"（die solis）。

直到公元386年，在狄奥多西（Theodosius）执政期间，官方文件才和基督徒一样，开始称这日为"主日"（the dominica）。根据狄奥多西在公元386年发布的法令，我们发现其中提到"太阳日，先祖们称其为主日"。在13年后的公元399年，狄奥多西的两个儿子兼继承人——阿卡迪乌斯（Arcadius）和荷诺里（Honorius），下昭禁止在"主日"（die dominicus）举行某些大型活动。然而即便如此，我们发现在公元409年对"主日"这个词仍有解释的必要："主日——通常称为太阳日"（Dominicus die, quam vulgo solis appellat）。到公元425年，狄奥多西二世便直接称这日为"主日——七日的第一日"。这标志着"太阳日"这个称呼被废除，另外，七日的头一日不再是土星日，而与犹太传统一样，变成安息日后的第一日。

新政策带来的直接影响

尽管有充足的证据证明，也有许多人已经论述，在君士坦丁很久以前，基督徒就开始在七日的第一日举行以餐宴为主的崇拜，而不是在第七日聚会。但即使如此，公元321年和随后众多的帝国法令仍使基督徒他们守主日的方式产生了一些变化。有些变化是即刻性的，有些变化稍后才发生。

于基督徒而言，最直接长远的改变莫过于敬拜日变成了休息日。我们知道这一天后来甚至被称作"安息日"，但这是好几个世纪以后的事了。对教会及其成员最直接、最迅速的影响就是相聚的时间。在那之前，基督徒一般在安息日的晚上聚会（七日的第一日刚开始的时候，如《使徒行传》二十章所述）。当外邦基督徒人数增多时，改为在第二日的清晨聚会，那时繁忙的工作还未开始。

既然现在七日头一日成了官方休息日，基督徒的聚会时间就更为方便了——通常在早上，而非像以前那样在黎明前的清晨聚会。如此，礼拜仪式就可以发展得更加详尽。随后的三章内容，我们将讨论三个要点：第一，礼拜仪式的变化；第二，作为休息日的主日；第三，基督徒对犹太安息日的沿用、拒绝和改造。

第七章 基督徒敬拜的变化

传统的延续

基督教礼拜仪式的历史虽非本书写作的目的,但因为绝大多数公共敬拜都在周日举行,我们就有必要大致了解,始于君士坦丁的那些新政策给基督教敬拜仪式带来的变化。

新法令对敬拜的影响有一个过程,礼拜仪式在此期间变得愈发复杂。然而,这并不意味着初期基督教的敬拜缺乏仪式或象征(symbol)(许多人受清教徒影响而产生如此误解)。在叙利亚的杜拉欧洛普斯(Dura-Europos)发现的废墟是现存最古老的教堂遗址。内部画满了有关圣经故事的壁画,比如亚当夏娃、洪水、好牧人、耶稣行神迹与耶稣复活等故事。根据《十二使徒遗训》的记载,早在那时,敬拜的规矩(orders of worship)就开始出现了。并且似乎从一开始,敬拜就趋向于按照某种固定的仪式进行,与其对应的用词也趋于统一。比如,希坡律陀(Hippolytus)描述的受洗规矩就十分复杂。在诸多细节中,我们知道预备受洗之人要在七日的第六日禁食。到了第七日(安息日),

主教便把他们招聚在一处，命他们跪下，为各人按手做洁净的祷告，朝他们脸上吹气，还要在他们额头、耳朵和鼻子上作印的记号，然后命他们起身，整夜警醒。到第二日（主日），集体在水边祷告后，洗礼便开始了。有两种不同的盛油容器（分别是"感恩油"与"驱魔油"）。牧师与执事在礼仪中都有特定的职能。每位受洗之人必须各自宣告离弃撒旦与罪恶，然后赤身进入水中。在受洗过程中，受洗者必须宣信如我们今天所知的《使徒信经》一类形式的信经。之后受膏，受洗者再次穿戴整齐，然后与会众一起参加另一系列的仪式。希坡律陀对这些仪式有详细的描述。

因此，依据现存的文献和考古证据认为君士坦丁时期之前的基督教敬拜十分简单、毫无装饰、不按仪式的观点是没有根据的。相反，我们看到了一系列象征（symbols）和仪式。这些象征和仪式的目的不是为了给所行之事锦上添花，而是超越事件本身，指向这些事件与庆祝背后的重要意义。正如格列高利·迪克斯（Gregory Dix）所写："有关圣餐庆祝仪式的早期证据表明，此类仪式虽并不简略，却非常直白。"[1] 另外，我们可以清楚地看到，即使在君士坦丁时期之前，人们也努力遵循一定的敬拜规则。各地之间虽并不统一，但也很相似。有关"过第 14 日之人"的争论便是敬拜发展过程的明证：各教会仪式各异，皆自称历史悠久。随着教会之间的联系不断加强，虽引发了不少激烈的争论，但人们还是竭力消除分歧、追求统一。一般的敬拜礼仪情况与此相似。关于保存下来的君士坦丁之前、君士坦丁初期和之后的各类敬拜规矩之间的关系有诸多讨

---

[1] Gregory Dix, *The Shape of the Liturgy* (Westminster: Dacre Press, 1945), 141.

论,但本书暂不多议。

纵观各类文献,我们清楚地发现,各地虽存在重大差异,但人们也试图消除差异,追求某种通用的礼拜仪式程序。然而结果并不圆满,因为研究敬拜的史学家发现了数种不同的礼仪传统,如叙利亚式、拜占庭式、罗马式与高卢式等。不过即便如此,这些不同仪式之间依然存在惊人的相似之处。这说明君士坦丁之后的仪式不是全新的创造,而是对早期敬拜仪式的系列改良(有许多改良相当激进,影响广泛)。

新建筑与新会众

除了停止迫害基督徒,主日成为休息日这两点变化之外,许多基督徒还注意到,在君士坦丁之后,许多华丽的新建筑被用作敬拜场所。在此之前,基督徒通常在家中或墓地(如罗马地下墓穴)聚会。到第3世纪,基督徒常改建私人住所为敬拜场所,如之前提到的杜拉欧洛普斯(Dura-Europos)地区的教堂遗址。但如今,在君士坦丁及其家族、继承人的庇护之下,出现了许多专门用来敬拜的建筑物。通常这些建筑物的建造是按照早期罗马公共建筑的基本形式,传统上称为"巴西利卡大教堂"(basilicas,一种长方形大教堂),因为它们属于皇帝(basileus)或国王。到第4世纪,这类"大教堂"通常拥有一个中殿(central nave),通过数排圆柱与外廊分开。教堂一端为前院(atrium,也称中庭),另一端为后殿(apse,祭坛就置于此处)。后殿两侧的走廊使教堂的形状呈十字形。通常在祭坛前面、离人较近的地方设置讲台,为读经与解经之处。这些大教堂"

大部分相对简约,但有些也比较奢华。[2] 无一例外的是所有这些教堂都比君士坦丁之前的敬拜场所大了许多。

这些大教堂不仅仅是一种奢华的摆设,更成为一种必需品。在各皇帝与那些受万人敬仰的谋士们的带领下,要求受洗的人蜂拥而至。虽然对受洗人数有多种不同的估算方式,但是学者们都认为,在君士坦丁与李锡尼(Licinius)终止了对基督徒的迫害时,整个罗马帝国只有极少数的人受洗。然而70年后,这个国家中大部分非犹太人都已受洗。最终,原来的宗教被称为"异教"(paganism)。因为它是在乡村的民间被保留下来,这个乡村名叫pagani,因此被称为paganism。

如此大规模的人数增长给教会带来诸多影响。早期预备受洗之人需要准备很长一段时间,现在已然不可能了。要求加入教会的人如此之多,以致教师人数供不应求,结果就大大缩短了受洗的预备时间——慕道期。在迫害终止的几年前,教会在西班牙宗教会议上规定:慕道期必须持续两年时间(Synod of Elvira, canon 42)。[3] 但随着儿童受洗人数的与日俱增,这个期限逐渐缩短。公元506年,在现今法国南部的阿格德(Agde)会议上,教会规定,若犹太人想要成为基督徒,须按慕道者的规矩而行,要预备8个月。[4] 不久后,预备期实际上就不复存在了。只有当

---

[2] 如优西比乌描述的由君士坦丁下令在圣墓之地所建的巴西利卡大教堂。*Life of Constantine* 3.29–40.

[3] 编注:埃尔韦拉会议(Synod of Elvira)是第四世纪初期的一次教会会议,最早可以追溯至公元306年。这次会议的主要事项是制定了对离道判教者和淫乱者的惩罚。第33条决议是对所有神职人员的节欲的规定,并以革除圣职为惩罚。有几条决议甚至规定了终生逐出教会,至死也不能回到教会。

[4] 编注:阿格德会议(the Council of Agde)制定了47条决议,

归信者来自犹太教或来自罗马帝国边界以外的宣教边区，才要求他们在受洗之前接受简短的预备。

这从根本上改变了周日的敬拜。在早期，教导与祷告结束之后，慕道者就离开了，因为圣餐聚会只限于已受洗之人。这个习惯在君士坦丁之后仍持续了一段时间。如前文所述，在君士坦丁后又过了半个世纪，老底嘉会议（the Synod of Laodicea）仍继承古老的传统。但很快教会里每个人都接受了洗礼，几乎不存在任何慕道者。因此，慕道者先行离开的这一环节也就消失了。

同时，敬拜仪式很快变得更加精彩复杂。这从神职人员的礼服上便可见一斑。在君士坦丁之前的一个世纪，有人批判特土良对知名的罗马宽袍（toga）弃而不用，反而使用相对朴素的披肩斗篷（pallium）。特土良就此作了简短的回应。他认为，罗马宽袍是罗马征服行为与权利的象征，而披肩斗篷的简朴性更适合基督徒。他总结道："披肩斗篷啊，你当欢喜快乐，既然你成为基督教圣袍，就因更美的哲学而备受尊荣。"（*On the Pallium* 6）在君士坦丁一百年以后的公元 428 年，教皇塞莱斯廷（Celestine）指责今天法国南部地区的主教们，责怪他们给不同的神职人员配置不同的服饰[5]。然而，塞莱斯廷的指责毫无果效，因为那时各地教会都已开始使用特殊的服饰，用于象征特殊的级别与不同等级的权利。因此，圣袍套装就变得十分复杂。从头饰到鞋子的每一个细节都有其重要的象征意义，

对神职人员独身、法定按立年龄、主教与牧区议会之间的关系、教会财产、公共安全、信徒信仰上的责任等做出了相关规定。

[5] Philip Jaffe, ed., *Regesta pontifcum romanorum* (Leipzig, 1885), 369.

但大部分象征意义都与普通信徒需要表达的敬意相关。[6]

仪式的器皿、手势也情况类似。音乐尤其如此，因其变得越来越复杂，以至需要诗班专门演唱，会众只需负责聆听与欣赏。

但这并不意味着，这些仪式对多数会众是毫无意义的。相反，因其被赋予了如此神秘的力量，以至于就算只是在场观望，也是十分敬虔的行为。

盛大的圣餐仪式成为大部分人生活的高潮。一直以来，圣餐作为一场庆典给这个痛苦与绝望的世界带来盼望。虽然生活单调乏味，但在新的一周开始之际，人们庆祝神道成肉身住在他们中间，为他们受死并复活，赐他们充满盼望的未来，是多么令人欣喜与激动的一件事啊！

然而，即便在那个时候，也有人认为基督教的敬拜应当抑制这种欢乐的气氛，而采用悲哀的情绪。我们将在另一章专门探讨这个课题。

---

[6] 对这方面的总结论述，参看 L. Duchesne, *Christian Worship: Its Origin and Evolution* (London: SPCK, 1927), 379–98.

第八章 与主日相关的法律

主日作为休息日

在君士坦丁时期之前的文献中，有些鼓励在安息日休息，有些反对休息，还有人认为在这方面应该留有一定的自由空间。但关于基督教主日（dominica）是否要休息一事，当时的文献却毫无记载。虽然从很早开始，主日（按犹太人来说，是七日的第一日）就是敬拜的日子，但却一直无人要求或期待这日成为休息日。在当时的社会，为了跟上日常生活节奏，基督徒就算有此期待，要真正实现也绝非易事。就此而言，君士坦丁 321 的法令彻底改变了这种局面。法令规定七日第一日为休息日，恰巧这天也是传统上基督徒聚集敬拜、擘饼的日子。

记载教会把主日和休息连在一起的最早文献是老底嘉会议（Synod of Laodicea）（大概在君士坦丁法令 60 年后）的第 29 条决议。这条决议不仅支持（但并未要求）在主日休息，而且禁止基督徒守犹太安息日：

> 基督徒不可信奉犹太教，而虚度周六，在

> 那日应当工作；作为基督徒，要格外尊崇主日，如果有可能的话，甚至不要在这日工作。但是，若有人被发现信奉犹太教，他们便与基督隔绝了。[1]

这条决议如此重要，说明"安息日是否要休息"这件事在当时仍备受争议。《使徒宪典》（*Apostolic Constitutions*）便再次证明了这点（这份文献可能源自叙利亚，与老底嘉会议大致在同一时期）。关于安息日休息与否的问题，《使徒宪典》的教导（据说是以彼得与保罗的名义所写）如下：

> 奴隶要工作五天，但在安息日和主日，他们当获得自由，以便参加教会、接受信仰的训导。我们（彼得与保罗）命你们在安息日休息，是因神的创造之工；命你们在主日休息，是因耶稣的复活。（*Apostolic Constitutions* 8.33）

但是，主日到底许可哪些非宗教类活动，多半还是由政府部门立法决定的。教会只是规定是否下跪或禁食之类的宗教类问题。

然而，在教会的规定中也存在特例。公元401年，在迦太基（Carthage）会议上颁布的一条决议就是个鲜明的例子。[2] 该决议规定，在"太阳日"（die solis）禁止戏剧演出。

---

[1] 引自 Charles Joseph Hefele, *A History of the Councils of the Church from the Original Documents* (Edinburgh: T. & T. Clark, 1896), 316.

[2] 编注：作者在这里指的是第五次迦太基会议。前四次的时间分别大约在：公元348年，公元390年，公元397年，公元399年。

十分有趣的是，当政府开始称这日为主日（dominica）的时候，教会反而称其为"太阳日"。因此，在鲜有的几个特例中，这条决议格外显眼。在此两年前，荷诺里（Honorius）和阿卡迪乌斯（Arcadius）皇帝颁布法令，禁止在这日演出戏剧，教会可能只是重申此条法令。然而，有趣的是，两位皇帝称这日为"主日"（dominica），而相聚在迦太基的主教们反而称其为"太阳日"（die solis）。也就是说，当罗马帝国开始采用基督教术语时，教会反而倾向于使用传统的异教术语。

罗马帝国的其它律法

与此同时，罗马帝国试图透过法律规定主日的合法活动。前文引用的君士坦丁法令就是这方面的第一条律例：命令政府部门休息，除农事以外的一切工作都要暂停，因农事不可耽搁。这方面的第二条法令，是由君士坦丁与他儿子克里斯普斯（Crispus）在几个月后联合颁布的，法令允许在这一天释放奴隶。由此我们可以看出基督徒的慈善观给罗马立法带来的影响——不过我们并不肯定这种影响是否真实存在。

第 4 世纪，宗教方面的法律比比皆是，多数皆与周日有关。据优西比乌所写，在著名的 321 法令颁布不久后，君士坦丁又命令所有的士兵要在太阳日祷告，甚至为此编写了祷告文。但是，这段祷告文使君士坦丁信仰的模棱两可性再次暴露无遗。祷告文仅说："您，我们独一的神，我们的君王"——这里的"神"既可以理解为基督徒的神，也可以解释为君士坦丁家族一直以来所敬奉的无敌太阳神。

至于周日许可哪些活动,很快就有法令频繁出台,以禁止在这日举行大型的公共活动。比如公元 386 年狄奥多西(Theodosius)与瓦伦提尼安(Valentinian)就此颁布的法令,公元 392 年这两位皇帝与阿卡迪乌斯(Arcadius)联合颁布的法令,公元 399 年阿卡迪乌斯与荷诺里(Honorius)颁布的法令,公元 409 年阿卡迪乌斯与狄奥多西二世(Theodosius II)颁布的法令,还有公元 425 年狄奥多西二世颁布的法令。这些法令颁布如此频繁,说明抵制大型的公共活动在当时很普遍,也说明这条命令并没有得到普遍遵守。

我们若查考这些法令,就会发现"太阳日"(die solis)的说法逐渐消失,而被"主日"(dominica)取而代之。同样,基督教很可能还影响了罗马的其它法律。狄奥多西二世在公元 409 年颁布的法令是最显著的例子。该法令规定,法官在主日要关心囚犯的关押条件。

耶稣复活的周年庆(今天称为"复活节")也变得越来越重要,一般是在某个特定的周日。据优西比乌记载,尼西亚会议之后,君士坦丁写信给众教会,要求他们遵循会议关于复活节日期的决议。不过君士坦丁并不是以法令的形式写此信,而只是一份合乎情理的通告。因为"众教会,包括南北方、西方,还有东方的部分教会"其实都已经按这个日期过节了(*Life of Constantine* 3.19)。第 4 世纪后半叶,从公元 367 年开始,罗马帝国的皇帝们会在一定范围内通过特赦来庆祝复活节。那年,由瓦伦提尼安皇帝(Valentinian)、瓦伦斯皇帝(Valens)与格拉提安皇帝(Gratian)联合颁布的法令开创了特赦的先例:

> 因我们发自内心地庆祝复活节(pascha),

便在这日释放所有被控诉而深陷牢狱之人，解除他们的捆绑。

但叛逆者、巫师、投毒者、行邪术者、通奸犯、强奸犯与杀人犯不可同享此恩。[3]

这几位皇帝在 368 年再次颁布了类似的法令。虽然不是年年都颁布相同的法令，但这也成了一种传统，使复活节的那个周日变得格外重要。公元 380 年，皇帝狄奥多西（Theodosius）在颁布特赦法令前，曾与格拉提安（Gratian）、瓦伦提尼安二世（Valentinian II）联合规定在整个"大斋戒"（Lent）期间，暂停一切刑事审讯："在庆祝复活节的 40 天内，禁止一切刑事审判。"[4]

在公元 389 年，狄奥多西皇帝与瓦伦提尼安二世、阿卡迪乌斯共同规定：延长复活节假期。他们宣布新年第一日、罗马国庆日与君士坦丁堡定都日均为休息日，紧接着补充道："我们同样也要为复活节这个神圣的节期设立假期，7 天的休息时间加在复活节节期之前或之后。除此之外，各太阳日也是休息日。"[5]

---

[3] P. R. Coleman-Norton, *Roman State and Christian Church: A Collection of Legal Documents to A.D. 535* (London: SPCK, 1966), 1:309–10. 这几位皇帝在公元 392 年重申了本条法令。

[4] Coleman-Norton, *Roman State and Christian Church*, 1:359.

[5] Coleman-Norton, *Roman State and Christian Church*, 2:423. 两个半世纪以后，当《查士丁尼大法》（Code of Justinian）引用这段法令内容提到"太阳日"时，解释道："从古时起，这天可能就被称为主日。"

第九章 基督徒对安息日的看法

早期看法与相关争论

通常认为，君士坦丁之后，基督徒已完全弃绝、遗忘了安息日，或是把以往安息日的惯例挪到了周日。但事实并非如此。在整个中世纪，讲希腊语和拉丁语的基督徒一直称一周的第七日为"安息日"（希腊文为sabbaton，拉丁文为sabbatum）；在希腊语系和罗曼语族中，这种用法甚至沿用至今。这点足以证明安息日并未被遗忘。有时候，安息日（sabbatum）不仅指一周的第七日，还特指整周的时间（这在基督教出现以前极为普遍）。动词"过安息日"（sabbatizare, to sabbathize）有时带有积极的含义，有时则是消极的意思。事实上，基督徒对安息日的看法相当复杂。但是在多数情况下，安息日（sabbatum）仅仅指一周的第七日。

若认为"以犹太人的说法来命名一周第七日"的证据还不够充足的话，其它大量文献亦证明许多基督徒虽在七日第一日聚集敬拜，却仍视安息日为特殊的日子。上文中优西比乌所提的伊便尼派（*Church History* 3.27.5）就说明事

第九章 基督徒对安息日的看法 *81*

实确实如此。《使徒宪典》中彼得与保罗的教导（*Apostolic Constitutions* 8.33）也说明了同样的观点。甚至还有一篇安息日聚会的证道写道："我们在安息日聚集，并非因为我们受犹太教的影响（我们从不信奉他们虚伪的安息日），而是为了敬拜耶稣——安息日的主"（*Homilia de semente* 1，通常认为这篇讲道是出自亚他那修 [Athanasius] 之手，但也有可能是与他同时代的安吉拉的马赛路 [Marcellus of Ancyra] 所写）。大约在同一时间，基督教史学家所奎德（Socrates Scholasticus）写了一段强调基督徒在各方面礼节上差异的文字。内中提到，虽然多数教会在周日举行圣餐聚会，也有许多教会是在周六和周日两天都有圣餐聚会，但有的仅在周六设立圣餐聚会。原文如下：

> 宗教聚会的差异也不在少数。几乎全世界所有的教会在周日以外，还在每周的安息日庆祝神圣的圣餐礼。但即便如此，亚历山太和罗马的基督徒出于某些古老传统的缘故，早已不再如此行了。而住在亚历山太附近的埃及人与底比斯（Thebais）的居民却坚持在安息日举行宗教聚会，且礼仪不同于一般基督徒（在周日聚会的基督徒）的圣餐礼。
> （*Ecclesiastical History* 5.22）[1]

到了下一个世纪，所左门（Sozomen）在一段类似的文字中也提到，有些教会在安息日和周日都有聚会，另一些则在安息日晚上聚会（我们已经解释过，安息日的晚上

---

[1] NPNF2 2:132.

不再是第七日，而是第一日的开始）：

> 君士坦丁堡并几乎各处的人，都在安息日和七日第一日聚会，而在罗马和亚历山太并无此类习俗。埃及有几处城市和村落，与其它地方的习俗相反，人们在安息日的晚上聚集并分享圣餐。（*Ecclesiastical History* 7.19）[2]

另一方面，也有迹象表明，有的基督徒担心守安息日会让信徒重回犹太教（那时还有许多人归信犹太教，与基督教相竞争）。弗吕家之老底嘉会议的第19条决议（写于第4世纪后半叶，具体日期不详）便是其中一个例子：

> 基督徒不可信奉犹太教，而在安息日休息，那天必须工作，但要格外尊崇主日。如果可以的话，基督徒要在那天休息。若有人被发现信奉犹太教，愿他们受咒诅，与基督分离。[3]

正如我们所知，在君士坦丁之前，基督徒对安息日就已看法不一。一般如何看待犹太教，也就如何看待安息日。到第2世纪，伊格那修在一篇著作中（这篇著作可作多种理解）告诫马内夏人（Magnesians）："不可守安息日，当照主日而生活。"（*Epistle to the Magnesians* 9.1）伪巴拿巴（Pseudo-Barnabas）也不太支持遵守安息日，但其著作并

---

[2] NPNF2 2:390.
[3] NPNF2 14:148.

未论述主日已取代安息日。殉道者游斯丁自己并不守安息日，但他很愿意接纳守安息日之人，只要他们不强迫别人也如此行。在那个时期，虽然基督徒选择在主日举行圣餐聚会，但也毫无迹象表明他们视主日为安息日的替代品，或视主日为休息日（也就是安息日）。不断有文本称主日为"七日的第一日"，这说明他们认同犹太教的理解，即安息日是一周的第七日。

早期基督教对于守安息日的反驳理由，不在于是守安息日当天还是守第二天的主日，而是关于安息日律法本身的含义（基督徒拒绝以字面意思理解安息日）。《致丢格那妥书》重申了福音书提到的一些辩论，写道："认为神禁止我们在安息日行善，便是亵渎神了。"（*Epistle to Diognetus* 4.3）伊格那修认为：

> 既然基督徒可以与父直接沟通，就无须提醒他们该做什么，也无须命令他们在安息日休息。事实上，他们一直有守安息日，就是在神殿中（即他们的身体）敬拜神，并且每时每刻都在行义。（*Demonstration of the Apostolic Preaching* 96）[4]

直到第4世纪，我们仍发现关于安息日的各种不同看法。同样，这也与对待犹太教的态度类似。然而，所奎德（Socrates）与所左门指出，早期的习俗是在第一日刚开始的时候（安息日的晚上）就举行圣餐聚会，一般盛行于乡村与边远地区。而像罗马与亚历山太这样的大城市则无

---

[4] 译自 Joseph P. Smith, *Demonstration of the Apostolic Preaching* (New York: Newman, 1952), 106.

此习俗。大城市里基督徒聚会的时间是犹太和罗马历法都公认的七日第一日。

教会对休息日的相关规定

直到君士坦丁之后，休息与否的问题才引起人们的关注。各届罗马皇帝纷纷下令，规定主日（也称太阳日）为休息日。这便引发了一个问题：这一天和犹太安息日到底是什么关系？但对这一点的讨论是很久以后的事了。因为，正如我们所知，虽然各皇帝早已立法规定了休息的范围，但教会却相对较迟才推出相关规定，来说明在主日除了禁止情欲方面的活动（比如去剧院），还须禁止哪些活动。

虽然这方面的民法极多，但直到第 6 世纪西罗马帝国灭亡之后，教会才开始具体规定主日的活动范围。甚至到了老底嘉会议的年代（约 380 年），这方面依然存在争论。老底嘉会议反对在安息日休息，而同时代的《使徒宪典》（*Apostolic Constitutions*）却认为安息日和主日皆可休息。

安息日作为将来之事的预表

与历史上其他基督徒一样，初期基督徒也难以理解许多希伯来经文的字面意思。比如，神下令毁灭耶利哥城一切有生命的，到底说明了什么？很快他们就发展出解释这些古老文本的方法，尤其是一些字面意思令人难以接受的经文。这些释经法受了犹太先祖的启发，也参照了希腊人解释诸神故事（这些故事也同样充满异议）时所用的方法。这些释经法有种是把圣经中古老的故事理解为寓言，不认为它们是真实发生的事情,认为重点乃是文字背后所隐藏的寓意。有种是虽相信这些故事是历史上真实发生过的,却也认为这些事是预指将来要发生的事件。这些预示将来事件的征兆或暗示被称为"预表"(types),因此这些释经法通常被称为"预表法"(typology)。这两种方法在解释难解的经文时,都相信在字面意思以外,还有更深层的含义。

当时的基督徒就用这些释经法来解释安息日的律法。两种释经法常结合使用,因此几乎难以区分彼此。他们视安息日的律法为寓言或一种影儿,指向其它意义或表示应验。很快,把安息日理解为是耶稣的"预表"或征兆,在当时的基督教神学家中成为一种标准的解释。虽然这可以由无数文本予以佐证,但由于这段历史的重点不在此,故此只简单选了其中几个例子。

亚他那修(Athanasius)的一段文字常被引用。他宣称:

> 第一次的创造止于安息日,第二次的创造始于主日。在主日,耶稣更新、恢复了旧事物。因此,先前神命令我们为记念第一次创造而遵守安息日,现在我们也要为记念新的创造而尊崇主日。(*On Sabbath and Circumcision* 3)

约翰·屈梭多模(John Chrysostom)这位史上最知名的讲道者,亦承认安息日律法的价值;但随后也表示,这些律法已被福音所取代。

> 起初,遵守安息日确实带来了许多益处。比如,安息日让犹太人与亲人之间的关系变得更加和睦、亲密,并使他们明白神的护理……还指教他们一步一步远离罪恶,

专注属灵之事……如此,主透过影儿将真理启示给他们。现在,基督来是要破坏这一切吗?绝非如此!祂只是对此加以强调而已。时候到了,祂向人类揭示了更高的真理。那些脱离罪恶、不断向善之人已无须再被束缚……作为天国子民,我们已经活在盛宴之中,安息日还有存在的必要吗?因此,让我们弃绝罪恶,永享盛宴吧!这才是真正的安息日宴席。让我们远离物质,追求属灵之事吧!让我们的双手远离贪婪,身体摆脱毫无用处与毫无意义的劳苦,同享属灵安息吧!(*Homilies* 39.3)

在这篇讲道中,约翰·屈梭多模提到了《路加福音》手抄本中出现的一个疑难词。现代译者在翻译这个词的时候,遵循不同的手抄本传统而选择忽略此词的翻译。据《路加福音》六章1节记载,耶稣与门徒掐麦穗的故事发生在"第二个首个安息日"(deuteroprōtos)。大约在同一时期,西罗马帝国的安波罗修(Ambrose)在注释《路加福音》时,也不得不解释这个生词的意思。他根据自己对安息日现存价值的理解,作了如下解释:

> 值得注意的是,《路加福音》使用"第二个首个(deuteroprōtos)"这个词,而不是"首个第二个"。这说明"首个"这个词更加重要。这天是"第二个安息日",因为先前已有一个律法规定的安息日,任何人在这天工作都当受罚。但又称其为"首个"安息日,是因为那个早先的律法安息日已被废除。因此,后来的这个安息日反成了首个安息日。既然在安息日工作再也不是违法之事,也不会因此被罚,

因此律法的安息日其实已经名存实亡。若论顺序，那个律法的安息日是第一个出现的安息日；但论结果，这个安息日才是首个安息日。因此，虽然这个安息日是后来才出现的，现在却成了首个安息日。正如第一个亚当不能与第二个亚当相提并论一样……第二个亚当为什么会成为首先的呢？因为第一个亚当带来了死亡，而第二个却带来了生命。同理，这"第二个首个"安息日，虽然在顺序上排第二，但论益处却是首先的。赦罪的安息日远胜过定罪的安息日。（*On the Gospel of Luke* 5.31）

然而，重要的是，安波罗修并没有说主日（周日）已经取代了安息日。取代安息日的是基督的出现所带来的新秩序。变成首先的第二个安息日并不是一周中的另外一天，而是与神相连的另一种途径。在本注释书的另一处谈到耶稣在安息日医治妇人时（路十三 10-17），安波罗修再次提及安息日并没有变成另一天，而是与神的关系不一样了。

对律法安息日的遵守象征着将来的生活。因一切满足律法，住在恩典中的人终有一天可以靠基督的怜悯脱离病体之痛。因此，赐给摩西的成圣是将来的成圣操练的记号，也是将来可以通过脱离世界的劳苦而操守属灵之事的记号。（*On the Gospel of Luke* 7.173）

随后，奥古斯丁（St. Augustine）也写道：

> 基督救我们脱离诸多礼节的重轭，因此我们不再需要受肉身的割礼，也无须献活物为祭，或遵守安息周期（每个七年的周期一到，要停止一切必要的工作）。现在我们要抛开指向真理的影儿，在属灵上遵守这一切事，按属灵的理解遵守这些律法……因安息日指向属灵的成圣与安息，我们便不再以世俗的方式遵守安息日。（*Contra duas epistulas Pelagianorum* 3.4.10）

个中因由是安息日律法所预示的，在基督里已得以成全。"主耶稣向我们清楚显明了安息日的奥秘。犹太人曾守安息日为记号，但是唯有主耶稣才能真正成全此奥秘。"（Augustine, *Commentary on John* 17.13）

在另一处表明奥古斯丁对犹太教误解的文本中，他写道：

> 犹太人以世俗的方式理解遵守安息日，他们认为六日创世之工结束之后，神定这日为圣日，并自此睡去。先祖遵守的律法中存有奥秘，我们作为基督徒仍当遵行，只不过是在属灵上遵行。先前是避免体力劳动，现在对我们来说是要远离一切罪恶……这使我们内心安息、灵里安静……要知道神在创造完工之后便安息了，因

此我们在善工结束之后也当照样安息。
(*Commentary on John* 20.2)

还需重点留意的是这些文本都没有表达"犹太人守安息日而基督徒守主日"的观点。并不是用一天替代另一天，而是以遵守安息日为记号来标志所应许的秩序。这秩序已在基督里降临，或至少已部分降临。因此，我们以一种全新的方式遵守安息日，就是各文献所提的灵里安息。安息日是周几并非重点，重点乃在于我们已在基督里迎来了这全新的一天。

至于身体的休息少有人提及。有关安息的论述通常都是指在基督里灵得安息。停止体力工作一般被理解为一种比喻，喻指离弃罪恶——如上文引用的奥古斯丁的那段话。

即便如此，安息日作为一周的第七日，其字面意思仍没有被彻底遗忘。如前文所述，在希腊语系与西罗马帝国的罗曼语族中，用来形容一周第七日的词，其词根仍是古代的犹太名字。

要点

本段历史时期的内容为本课题的重点部分。在结尾处，让我们再次总结这段时期重要发展的几个要点，以帮助我们宏观看待整段历史的进展。显而易见，在这段时期里，最重要的因素就是基督教由一个受逼迫的信仰转变为罗马帝国的官方宗教。因此，接下来要强调的要点都与此相关。

这方面的第一个要点是：周日首次与休息相关联。这是君士坦丁对周日历史最著名、最直接的影响。与一般观点相反的是，基督徒在周日聚集敬拜由来已久，并非君士坦丁所定。但是，君士坦丁的决策让基督徒不用担心周日的工作职责，从而使聚会变得更加方便。这又促进了聚会时间的转变：原来基督徒要在七日第一日刚开始的时候聚会（安息日日落后），现在他们基本可以在第二天的日出之后再开始聚会。

虽然君士坦丁与其继位者颁布的与周日相关的律法同安息日的一些律法相似，但人们并没有因此就认为守主日就是遵守第四条诫命。对许多基督徒来说，安息日仍然重要，甚至仍有许多人仍在安息日晚上（按犹太传统为七日第一日，而在罗马人看来仍是一周的第七日）参加敬拜。关于周日本身，敬拜细节越发详尽，教堂建筑就越发宽敞华丽。也开始强调圣袍对各人的相对重要性，对于会众无法颂唱的圣诗还有诗班专门演唱。

第三部分 中世纪

　　上一章结尾处所引奥古斯丁的话很可能写于公元415年左右。他的弟子保卢斯·奥罗修（Paulus Orosius）在那年拜访了他（奥罗修曾与奥古斯丁合作写了《上帝之城》的部分内容）。不久后，奥罗修回到了心爱的家乡伊比利亚半岛（Hispania）——更确切地说，是回到布拉加城（Braga，现属于葡萄牙）。他发现不仅是伊比利亚，甚至整个欧洲都已被日耳曼"野蛮人"侵略。那时他正在写《反异教徒史》（*A History against the Pagans*），这部总共有七卷的作品。著作即将完工之际，他也命不久矣。他死前所写的那篇尖锐的评论影响至今，写完不久便与世长辞了。

　　野蛮人入侵罗马领地，随后不管在东部还是西部，基督的教会皆充满匈奴人（Huns）、汪达尔人（Vandals）与勃艮第人（Burgundians）。教会里的民族变得多种多样，数之不尽。如果说这是神允许他们入侵罗马的唯一原因，那么我们真该为此颂赞神的慈爱！因为若没有入侵罗马，这些人将永远无法知晓真理。就算我们为此有所牺牲，那又何妨！（*History against the Pagans* 7.41）

奥罗修目睹的这些变化已席卷整个西欧，并向非洲北部继续蔓延。距离奥罗修最后一次拜访奥古斯丁大约15年后，也就是公元430年，当奥古斯丁卧于病榻之时，汪达尔人就围困了他所住的希波（Hippo）城，便在不久后征服了这座城市。

奥罗修回到伊比利亚后所写的这段文字，完美地总结了当时的情况：（1）古罗马帝国被长期居住其境外的民族所占领；（2）这些入侵者尽行破坏，使罗马居民苦不堪言；（3）教会须想方设法接纳这一大群新人，从而简单恢复了慕道期（catechumenate）；（4）在这一过程中，新兴教会与今天所谓的西方文明就此诞生。

奥罗修所谈之事于他并不遥远。他于公元375年左右生于布拉加（Braga）。那时布拉加属于罗马的加利西亚省（Gallaecia），是伊比利亚最大的城市之一，也是教会生活的中心。但在公元410年，也就是西哥特人（Visigoths）洗劫罗马的那年，布拉加被苏维比人（Suevi）占领，成为苏维比人的首都。奥罗修去世半个世纪后的公元470年，西哥特人又占领了布拉加，同时还征服了伊比利亚半岛的大部分地区。由于苏维比人和西哥特人都属于亚流派（Arian）（亚流派基督徒不相信圣子永恒的先存性），这给当时的教会带来了新的挑战。

可能对这片土地的原居民来说，这些日耳曼入侵者的到来会破坏罗马文明；但事实并非如此。他们征服并治理这片土地，但同时也学习、适应他们所钦佩的文明。这方面的例证也极多。在公元 506 年，距罗马被洗劫不到一个世纪，西哥特的国王阿拉里克二世（King Alaric II）颁布了一大批罗马法律，被称为"西哥特人的罗马法律"（*Lex Romana Visigothorum*）。这些律法适用于领土内的原居民身上，而西哥特人则继续遵守他们自己的法律。在公元 589 年，另一位西哥特国王瑞卡得（Recared）宣布放弃西哥特祖先的亚流派信仰，而宣称自己为大公教会信徒（Catholic）——邻边的苏维比人早已如此行。

在其他日耳曼民族中间也有相应的事情发生，而这些变化给教会带来了多方面的影响。其中一点就是，先前由于人人可能都是基督徒，因而取消了慕道期，现在有人提出有必要恢复慕道期。托雷多（Toledo）的主教希德逢修斯（Hildephonsus）的论著《论对洗礼的认识》（*On the Knowledge of Baptism*）就是一个例子，大约写于瑞卡得（Recared）离奇亚流主义 70 年后。他提出的慕道流程与君士坦丁之前的流程极为相似。

这些变化巨大又复杂，简直难以概述。可以说，西方文明是希腊罗马、日耳曼文化与传统相碰撞的结果。我们若要继续研究周日历史，就必须对这种新环境与新现实有所了解。

第十章 全新的周日敬虔观：从宴席到葬礼

圣餐作为被更新的基督的献祭

日耳曼民族入侵前的几个世纪里，在以拉丁语为主的西罗马帝国，基督教有其独特的特征与重心。简单来说，我们可以认为，东部有时强调基督教为"真哲学"（亚历山太城的信徒一直持这种观点），而多数时候是强调基督战胜罪恶的权柄。基督胜利的核心是祂死里复活、将来必在荣耀中再来。圣餐就是庆祝这一胜利的，通常至少每周日会举行一次。而复活节的那个周日则格外欢喜——我们今天称那日为复活节周日（Easter Sunday）。[1]

罗马重视法律与法规，这影响了西方的敬虔观和神学发展。在西方，神主要被看作立法者与审判者；人类因违反律法而犯罪，亏欠了神；基督是赎罪的牺牲祭；救恩则是靠基督或自己的功劳免去罪债——通常两方面都要具备。这就是为什么在相对较早的时期，我们发现西方的信

---

[1] 笔者在 *Christian Thought Revisited: Three Types of Theology*, 2nd ed. (Nashville: Abingdon, 1989) 这本书中更完整地研究并解释了这些差别。

徒特别担忧受洗之后所犯的罪。如果通过洗礼罪得洁净，那么在受洗之后犯罪了该怎么办？教会为回应这个问题，发展了一套完整的赎罪系统，经过几千年的演化，逐渐变成买卖赎罪券等惯例。

不过这些都超出了目前的研究范围。我们要着重探讨的是这些发展如何影响周日的生活与敬拜方式。在这方面最需强调的是对圣餐看法的转变：原先圣餐是用来庆祝基督胜利的，现在则带着悲伤的基调，通过圣餐重演基督的献祭。

圣餐与献祭的概念之间的联系并非标新立异。事实上，早在《十二使徒遗训》这部著作就教导人们在擘饼前要认罪，"以使你们的献祭得以洁净"（Didache 14.1）。君士坦丁以前的其他作者（如伊格那修、游斯丁与居普良）也提到类似的观点。但要知道，"祭"指献给神的任何事物，包括祷告（常被称为"我们的献祭"）。这些著作都没有说耶稣是圣餐礼中的牺牲祭。但早先的文本称耶稣为"被杀的羔羊"，这证明祂的牺牲未被遗忘。只是在最早的时候，这种说法被胜利感所掩盖。因此，《启示录》写道（这段话很可能是圣餐礼时朗读的）：

> 曾被杀的羔羊是配得权柄、丰富、智慧、能力、尊贵、颂赞的……但愿颂赞、尊贵、荣耀、权势都归给坐宝座的和羔羊，直到永永远远。（启五12-13）

七日第一日是耶稣复活的日子，是创造的第一日，是永恒、喜乐的第八日。从这些早期的理解中不难发现，那时的圣餐礼充满了喜乐与感恩的气氛。然而，眼下的境况充满暴力与死亡，加上受了某些日耳曼入侵者宗教传统的影响（流血的献祭在他们中间仍为普遍），此时的圣餐礼更注重基督的献祭。圣餐礼被视为不流血的献祭，重演基督的牺牲，因而气氛严肃、充满深深的罪咎感。

虽然此书不便概述这方面的内容，大贵格利（Gregory the Great，公元590到604年间的教皇）有一段被广泛引用的文字却足以阐明这种新的圣餐礼气氛。这段文字也说明炼狱的教义与为死者献弥撒的惯例在当时已被确立。他写道：

> 要知道，与其死后让他人为自己做点事（献弥撒），不如自己活着的时候就去做。这岂不是更好、更可靠吗？比起被禁炼狱而寻求解脱，一身无罪而离世岂不更蒙福吗？因此，我们当轻看暂时之物，每日全心向神献上眼泪为祭，献上基督的身体与血（圣餐）。因基督的献祭有特殊权势，可救我们脱离永远的刑罚，并为我们重演神儿子之死，这是何等奇妙之事！祂从死里复活并得永生，不再被死亡辖制。虽是不朽之身，却在我们圣祭的奥秘中再次被献。在圣餐里，我们领受祂的身体、分享祂的宝血以此得救；在圣餐里，祂的血并非溅在不信者的手上，而是流入信徒之口。因此，我们当好好思想，这为我们而设的献祭，实质为何？当谨记，这祭一次次地向我们表明神儿子曾为我们受苦受难……

除此之外，我们还须悔改，向全能之神献上自己为祭。我们庆祝耶稣受难的奥秘，当效法祂而行。当我们献自己为祭时，效法基督使我们真正成为神的祭物。靠神恩典我们可以尽可能花很多时间祷告。但要留心，祷告之后，我们要单单思想神。藉此，其它思想无法把我们引向堕落，肤浅的欢乐也难以占据我们的心思意念。否则，我们先前因悔改而得的一切都将因此付诸东流。（Dialogues 4.58–59）

令人敬畏的圣餐神迹

在圣餐中基督被献为祭，能够参与其中本就令人心生无限敬畏之情，而对圣餐的另一理解则让这种敬畏感愈发强烈。从很早开始，基督徒就意识到，在分享主餐时，基督与会众同在，这并非寻常之事。基督的同在显然与圣餐的核心（饼与酒）密切相关。不过初期教会并没有确切解释这具体是如何发生的，也未阐明当信徒聚集擘饼时，基督与他们同在的具体方式。另外，许多更早的文献（如《哥林多前书》十一章）关注的并不是饼与酒，而是参加聚餐的会众——基督的身体。

现在，参加圣餐的不再是社会上那些决意加入教会的少数人，而几乎是全体会众。因此，圣餐礼的焦点从会众转移到饼与酒上面。人们来教会不再是为了集体分享饼与酒，而是为了见证圣餐礼上所发生的神迹，并想借此蒙福。

人们甚至认为无须领受圣餐仍可受益，因为单单出席圣餐礼就是一种祝福了。

在这种情况下，人们越发觉得圣餐礼的神迹在于饼与酒（变成基督的身体与血），但这一过程经历了数个世纪。同样，此处不便追溯这方面的发展史，只简略提到，望读者知晓，以说明这方面的信息对周日的意义与遵守周日有重要影响。

就这点而言，通常也是普遍的情况，敬拜中广受欢迎的敬虔和经历超越了神学的发展。但是，恰恰是后者更加详细地描述了人们长期以来信奉与实践的内容。我们现在所知的变质说（transubstantiation）的教义直到1215年才成为教会信条。那年，第四次拉特兰会议（the Fourth Lateran Council）宣布：

> 耶稣基督的身体与血确实以饼与酒的外在
> 形式（sub specibus）存于祭坛圣礼中。
> 靠着神的大能，饼变质为身体，酒变质为
> 血。[2]

但在这会议前的长久时间内，普遍共识趋于朝这个方向发展。在第9世纪，我们发现已经有类似的神学论述，虽然不是用"变质"这个确切的名词，但意思很接近。这段文字是哈伯斯塔特的哈默（Haymo of Halberstadt）所写：

> 透过祭司的奥秘与恩典的行动，祭坛上的
> 饼与酒发生了质变，成为基督的身体与

---

[2] Henrici Denzinger, *Enchiridion symbolorum defnitionum et declarationum de rebus fdei et morum* (Rome: Herder, 1957), 430.

血;神透过祂神圣的恩典和神秘的能力成就此事。任何对此有所怀疑的忠实信徒是充满罪恶、疯狂之人。因此,我们相信并忠实地承认,靠着神的能力,饼与酒发生质变,成为肉与血。既然神可以根据自己的旨意创造出原本不存在的事物,那么这位全能的神要改变已存在事物的本质,又有何难?祂既然可以变无为有,难道就不能从有变无吗?因此,这位看不见的大祭司,透过祂奇妙的能力把这看得见的被造物变成自己的肉与血。不过,尽管实质已完全变成基督的身体与血,但仍是通过饼与酒的外在形式分享主的身体与血。[3]

从那之后,直到拉特兰会议的宣告,其间任何其它观点都不足为信,且常常受到压制。最著名的例子就是1079年贵格利七世(Gregory VII)强迫图尔的贝伦加尔(Berengar of Tours)放弃他先前的信仰声明:

> 我,贝伦加尔,心里相信、口里承认:通过神圣的祷告与我们救赎主的话语而被放在祭坛上的饼与酒,实质上已变成主耶稣基督又真又活的身体与血。我信祂由童真女马利亚所生,为拯救世界而被钉十字架,现坐在父的右边……我相信这些,并

---

[3] Haymo of Halberstadt (or perhaps Haymo of Auxerre), De corpore et sanguine domini, in *PL* 118:815–16.

不再教导与此相悖的信仰。[4]

历代信徒都相信饼与酒确实如字面所述,变成了基督的身体与血,才产生了以上这段陈词。说服信徒相信此观点不是因为某个神学理论,而是因为亲身参与了圣餐这个无可比拟的仪式,也因为有诸多关于圣餐神迹的故事广为流传。这些故事中,许多情节都相似:一个不信之人(通常是犹太人)因看到圣体(consecrated host)流血,大为震惊,从而归信。中世纪早期最知名的一个故事发生在第8世纪,讲述一位来自东部的修道士在意大利的兰洽诺(Lanciano)时,曾质疑圣餐礼上使用无酵饼的习俗(当时这是西方的习俗,与东方使用有酵饼的习俗相反),担心这种圣餐没有果效。但后来他看到圣饼变成肉、酒变为血的时候,就知道自己错了。

引述这类神迹,不仅是为了证明饼与酒的变质,也是为了证明圣餐对救恩的功效。教皇大贵格利(Pope Gregory the Great)所述的故事就是其中最知名的一个。当他还作罗马修道院主管时(在成为教皇之前),一位名叫犹士都(Justus)的修道士犯了贫困法,因此被贵格利逐出教会,死后被葬在圣地外面。但是随后,贵格利心生怜悯,下令为犹士都献了30次弥撒。末了,犹士都向一位弟兄显现,声称自己现在很喜乐,因为已经从炼狱得自由(*Dialogues* 4.57)。

以上是贵格利亲自述说的故事,而另一个与他有关的故事出自为他作传的执事保罗(Paul the Deacon)。这个故事讲述了贵格利在举行圣餐时,看到一位预备圣餐用饼

---

[4] Denzinger, *Enchiridion*, 355.

的妇人在笑，说无法相信自己所做的饼会真的变成基督的身体与血。贵格利拒绝服侍她，并祷告求神让她相信。就在这时，这位妇人所预备的饼真的变成了肉与血。于是这位妇人恍然大悟，立即意识到自己的错误并悔改。

缓和对圣餐的敬畏

对圣餐认知有这两大发展：（1）圣餐作为不流血的献祭，重演了基督的献上；（2）圣餐礼上的饼与酒真实地变成了基督的身体与血。这两个认识迅速改变了周日崇拜的基调。此前，人们在这天喜乐地庆祝基督及其跟随者胜过一切罪恶权势。现在，人们却在这一天充满畏惧之情，不愿领受饼与酒，以免因亵渎而招咒诅。

这转而也使圣餐中的饼以及饼与酒的领受方式发生了变化。古时从未讨论过圣餐中要使用何种饼。除福音书以外，最早记载有人质疑无酵饼的古代文献出现在第 2 世纪，游斯丁提出"普通之饼或寻常之酒"（*Apol.* 66.2; 另参 Irenaeus, *Against Heresies* 4.18）。但是，通过游斯丁的文本，我们无从知晓在他的年代何为"普通之饼"。因此，这也说明不了什么。

事实上自古以来，有些教会使用无酵饼，而有些则使用有酵饼。但直到第 11 世纪，当东西方教会的差距逐渐变大而最终永久分裂之时（公元 1054 年），才产生有关无酵饼与有酵饼的激烈争论。东西方教会之间的分裂主要是由复杂的政治环境所致，随后各方也在神学立场上进行自我辩护。其中一点就是西方教会使用无酵饼，而东方教会则使用有酵饼。

关于讲拉丁语的西方教会何时开始专门使用无酵饼并以无酵饼为圣体，难以考证。在第 8 世纪早期，比德（Venerable Bede）的著作首次确切提到无酵饼（*In Lucae Evangelium exposito* 6.12）。[5] 到下一个世纪的卡洛林文艺复兴（the Carolingian renaissance）时期，无酵饼的使用似乎已成固定习俗。[6]

虽然在公元 1054 年东西方教会分裂之后，西方神学家仍在神学、圣经和教父著作方面为无酵饼的使用寻求依据，但无酵饼的使用早已成固定习俗（在有些地区这是非常古老的习俗）。部分原因至少与今天我们看待饼的方式有关。普通的饼比较脆，因此若用普通饼作圣饼，碎渣很容易掉在地上变为不洁。这种有悖良心之事必须加以制止。因此，圣餐就使用一种不太脆的饼：圣餐饼或薄饼。祝圣的薄饼极其神圣，令人敬畏。为表敬意，在 12 世纪的法国形成了一种习俗，就是在祝圣时高举圣饼。这种作法很快传遍了西方教会。

即便如此，圣饼还是有可能被弄碎而掉落地上。罗塔利奥（Lotario de Conti di Segne）（后来成为教皇英诺森三世 [Pope Innocent III]，是史上最强大的教皇）[7] 在公元 1215 年，通过第四次拉特兰会议，定变质说为教会的官方教义。被立教皇不久后，他问自己："如果圣饼的碎片掉

---

[5] *PL* 92:593–97.

[6] 见 Alcuin, Epistola 90, *PL* 100:289; Radbert, De corpore et sanguine domini 20, *PL* 120:1331–32; Rhabanus Maurus, De clericorum institutione 1.31, *PL* 107:318–19.

[7] 编注：教皇英诺森三世（1160-1216）是历史上最重要的教皇之一。他带领教会在当时成为所有人伦关系的决定因素。他主持召开的第四次拉特兰会议，在教义和教会礼仪上，影响之后数个世纪。他还发起了第四次十字军东征。

地上被老鼠吃了，会怎么样？"有的人理解不了基督临在圣体之内是多么令人心生敬畏的事，因而对他们来说，英诺森的问题毫无意义，甚至荒谬可笑。但英诺森那个时代的人并不这样认为。英诺森想要弄明白的这个问题先前曾由彼得·伦巴都（Peter Lombard）提出。他只是简单写道，动物吃下的不是基督的身体，但他不知如何解释内中原因。英诺森与早期的方济会（Franciscan）神学家认为：掉落地上之后，圣体将会通过某种方式产生变化，不再是基督的身体。最后，托马斯·阿奎那（St. Thomas Aquinas）的解释成为最流行的观点：

> 若圣体被老鼠或狗所食，只要圣体仍有饼的偶性（accidents），其实质仍为基督之身体；就算圣体被埋土中，也是一样。但这一切都无碍于基督身体的尊严，因基督是甘愿为罪人被钉十架，从未失去尊严。
>
> (*Summa theologica* 3, q. 80, a. 3)

这种圣餐饼神圣性的观点不仅影响了领受圣饼的频率，也改变了领受圣饼的方式。在第 4 世纪晚期，耶路撒冷的西里尔（Cyril of Jerusalem）吩咐领受圣餐之人将右手置于左手之上，作为那将要来临的君王之宝座。也当小心谨慎，免得圣体掉落地上。遗落圣体比得到金粒又丢失一些更加糟糕（*Catechetical Lectures* 23.21）。然而，由于圣饼变得越来越可畏，后来更通常的做法是直接将饼放在领受者的舌头上。最初，这只是为了防止饼屑掉到地上。后来则认为圣体是如此神圣，以至于普通人不得碰触。因此，在第 13 世纪，托马斯·阿奎那写道：

> 让神职人员分派基督的身体有三大理由：
> 第一，正如基督在最后的晚餐为自己的身
> 体祝圣并分给众人，神职人员也当如此祝
> 圣并分发饼与酒。第二，神职人员是神与
> 人之间的中介。第三，圣餐须被敬重，不
> 圣洁之人不得碰触。圣餐布、圣餐杯与神
> 职人员的双手都要祝圣。因此，除非必要
> 情况（圣餐掉落或其它类似情况），否则
> 其他人不可碰触圣餐。（*Summa theologica*
> 3, q. 82, a. 3）

在托马斯写这段话的大致同一时间，教皇乌尔班四世（Pope Urban IV）在公元1264年创立了基督圣体节（Corpus Christi）。但基督圣体节在周四庆祝，与本书关系不大。不过这个节日的创立，说明圣体备受尊崇。

酒也发生了类似的变化。但变化的不是酒本身，而是关于该如何（或不该如何）领受酒的方式。长期以来，制作圣杯的材料比较随意——粘土、木头或金属。君士坦丁后不久，大教会的"圣器"一般是由金银所制。不过这不是强制的，在比较穷的教会当然就不可能了。但是慢慢地金属圣杯的使用成为一种惯例——如果有可能的话，就使用金杯或银杯。这么做一方面是尊重圣杯内的酒，同时也与基督教敬拜的排场越来越大密切相关。也因为当时认为圣杯里的酒就是基督的血，就必须将其喝得一滴不剩，不应该留任何一滴在粘土杯或木杯这种有缝隙的杯子里。

对此也有反对的声音。来自美因兹的波尼法修（Boniface of Mayence，常被称为德国人的使徒）有一段著名的讽刺语："过去杰出的神职人员如金子，却使用着木杯；

现在平庸的神职人员如木头，却使用着金杯。"⁸ 不过虽有人反对，教会在不久后仍规定必须使用金杯或银杯，因这些杯子不会吸收圣血。之前，我们解释过把饼直接放入领受者口中的种种原因。现在出于类似的原因，只给普通信徒分发圣饼，而没有将圣杯给他们，免得他们把酒溅出来，或粘在胡子上。虽然史学家在论述这方面的发展时，说是不将圣杯给普通信徒"。但其实在早期，不是神职人员不将圣杯给普通信徒，而是普通信徒拒领圣杯。这大概发生在第 5 世纪。当时的教皇格拉修（Gelasius）写道："我们发现，有些信徒只领受基督圣体而拒绝圣杯。虽然我不知道他们迷信什么，但他们必须两者都领或干脆都不领。"（*Epistle* 37, to Majoricus and John）

在特殊情况下，单单领受饼的惯例也持续了很长一段时间。比如，那些因为生病而无法参加主餐的人，就会有人送饼给他们吃。但是参加圣餐礼的人须饼与酒都领受。直到公元 13 世纪，仍有与此相关的讨论。托马斯·阿奎那认为两者（饼与酒）都要领受，但也可以有例外：

> 论到圣餐礼，需从两个方面考虑。一方面是圣餐本身，应当一同领受身体与血，因两者皆为完全。因此神职人员要为圣餐祝圣，也当将圣餐吃光喝尽，不可只领受身体而不领受血。另一方面是领受圣餐者必须带着敬畏之心，也当格外小心，以免亵渎了这奥秘。特别是领受血的时候，一不小心就有可能将其洒出来。由于神的子民

---

⁸ 引自 the acts of the Synod of Trebur [near Mayence], in 895

> 中有越来越多的老年人、少年人或婴儿，他们不懂得如何小心领受圣餐。于是，有的教会就不给会众提供圣血，由神职人员单独领受。(*Summa theologica* 3, q. 80, a. 12)

然而在这方面，托马斯的观点并不流行。托马斯去世后短短几年，与他观点一直相冲突的约翰·佩查姆（John Peckham，当时坎特伯雷的大主教）主持公元1281年的朗伯斯（Lambeth）会议时，规定普通信徒只能领受未被祝圣的酒，只有神职人员可以喝祝圣过的杯子。[9] 其他神学家与教会会议也不断立法作出相关规定。以致到了公元14世纪，西方教会在圣餐礼上不将圣杯给普通信徒已成普遍习俗——但东方教会不是这样，他们的普通信徒可同时领受饼与酒。

到公元15世纪初，不将圣杯给普通信徒的观点已根深蒂固，乃至约翰胡斯（Jan Hus）在康士坦斯大公会议（the Council of Constance）上被定罪。[10] 诸多"异端"其中一条的罪名就是：他主张普通信徒应该领受圣餐饼与圣餐杯。胡斯死后，他在波西米亚的追随者仍不顾多次讨伐而继续奋斗。争取的内容中，有一条就是"恢复领受圣杯的权利"——称为"饼酒兼领"（utraquism：意为"两者都"）。

---

[9] Mansi, Sacrorum conciliorum nova et amplissima collectio (repr.; Paris: Welter, 1901–1927), 24:405.

[10] 编注：约翰·胡斯（1373-1415）是一位改教先驱。他因拒绝放弃自己所持守的教导，在自己生日那天（7月6日），被宗教法庭处以火刑烧死。

从亲身参与到出席观礼

贵格利·迪斯（Gregory Dix）描述初期基督教敬拜为直接的敬拜。而此时所有这一切让敬拜失去了原有的直接性。基督教敬拜的核心——圣餐礼或主餐礼，不再是众人皆可参与的礼仪，而成了神秘之礼。只有极少数的人能真正领受饼与酒，其余的人只能通过在场观礼来亲近神。

到公元506年，也就是古典时代末期之后，前文所提的阿格德会议（Synod of Agde）声明，参加弥撒是所有基督徒的义务，同时要求他们一年至少领3次圣餐——复活节、五旬节与圣诞节。这清楚地说明周日聚会不再是信徒聚集分享饼与酒，而仅是出席弥撒而已。

七个世纪以后，第四次拉特兰会议（the Fourth Lateran Council）甚至明文规定，每位信徒到了懂事的年龄，就有责任一年至少领受一次圣餐（在复活节）：

> 从懂事的年龄开始，所有忠实的信徒，不分男女，一年中至少要有一次向自己的神父告解认罪。尽力忏悔之后，要在复活节接受圣餐礼，除非他们的神父建议他们不领。否则，他们有生之年将被逐出教会，死后也不可享有基督教葬礼。[11]

古时的周日是喜乐的一天，现在则是惧怕的一天，害怕被逐出教会。因此守主日成了一种责任。理论上（实际上也是如此），周日是庆祝耶稣复活的喜乐之日，这就是为什么大斋节（Lent）的四十天要把周日排除在外。但是

---

[11] Denzinger, *Enchiridion*, 437.

在此阶段的敬拜仪式中，敬拜的内容及相关的解释都更适合耶稣受难日，而非对耶稣复活的庆祝。

中世纪的教会视圣餐为基督献祭，重视饼与酒而非信徒群体，从而导致了私人弥撒的惯例。这种私人弥撒的受益者一般是神职人员自己或弥撒资助者（后者更常见）。需要重申的是领受圣餐、甚至出席圣餐礼已经不再重要了，只要举行圣餐礼便足矣。

第十一章 祷告和娱乐之日

对休息的持续立法

与古典时代末期一样,中世纪的皇帝、国王与教会也颁布主日活动的禁令。那时,不断有皇帝(东方仍保留了皇帝制)颁布关于主日的诏令。公元469年,利奥一世(Leo I)与安特米乌斯(Anthemius)联合颁布了一条诏令,堪称后续法令之典范。

> 主日庄严,当谨慎度之:不可起诉、惩治、集资;当停止受理法律文件;法院要停止辩护、审讯等活动,法庭传令员不可高声粗鲁地传唤;诉讼双方要休战,不可争论,要坦然面对、彼此悔改、建立盟约、达成一致。

> 然而,在这宗教之日虽可适当放松,但绝不可追求淫乐。在主日不得有剧场、马戏

困或凶残的野兽表演。[1]

这条诏令在公元 529 年被《查士丁尼法典》(Code of Justinian) 收录,从此成为正式的罗马律法,得到拜占庭帝国与西方各统治者的接纳与支持。除此之外,更早期的《西哥特人罗马法》(Roman Law of the Visigoths) (由当时西欧最强大的亚拉里克二世 [Alaric II] 颁布) 也有诸多此方面的国家法令,包括整个西欧的皇家法与国家律法都不断出台类似法令。

这段时期出现了两件新事物。一是教会立法的权柄不仅适用于教会事务,也适用于普通民众身上。第二是民法与教会法相互重叠,保持高度一致性(至少在理论上如此)。这一点从教会与民法对主日的相关规定可见一斑。

比如,法兰克王国的希尔德里克国王 (King Childeric) 在第 5 世纪末颁布诏令,规定在周日不能作工,只能行预备饮食这种必要的工作。公元 797 年,美因兹的波尼法修 (Boniface of Mayence) (就是那个讽刺金制圣餐杯的人) 主持了一场会议,规定若发现有人在周日耕地,就当没收他右边的牛——因为右边的牛通常是带队的那头 (Synod of Mayence, canon 23) 。公元 827 年,虔诚者路易 (Louis the Pious) 重申了其父亲查理曼大帝 (Charlemagne) 的诏令。

> 根据神的律法与先父的诏令,现规定周日
> 禁止奴隶工作;男人不可从事农活,如修

---

[1] P. R. Coleman-Norton, *Roman State and Christian Church: A Collection of Legal Documents to A.D. 535* (London: SPCK, 1966), 3:877.

整葡萄园、耕地、收割玉米、收干草、建篱笆或木栅栏、砍树、采石、建造房屋等；不可在花园工作，不可上法院，不可追捕犯人。但有三种搬运服务是允许的：搬运军队必需品、搬运食品、搬运主人的遗体到坟墓（如果有必要的话）。同样，妇女不可纺织、裁衣、用针缝布或剪羊毛，要在主日休息。各地的人都要去教堂参加弥撒，为神在那日所作的一切美事赞美祂！[2]

同样，公元589年（也就是波尼法修的两个世纪前），在遥远的西部，纳博讷（Narbonne，当时属于西哥特国）会议规定：

> 不管是贵族还是奴隶，或哥特人、罗马人、叙利亚人、希腊人、犹太人都不可在周日工作，也不可给牛上轭，除非需要把牛牵往其它地方。如果有人胆敢如此行，贵族要向本城的法院缴纳100索尔多（soldi，意大利铜币），奴隶则要受100鞭打。
> （Council of Narbonne, canon 4）[3]

之后于公元1092年，在东部的匈牙利，拉迪斯劳斯国王（King Ladislaus）召开会议规定：

---

[2] 引自 Eileen Power, *Medieval People* (Garden City, NY: Doubleday, 1956), 27–28.

[3] In José Vives, ed., *Concilios visigóticos e hispano-romanos* (Barcelona: Consejo Superior de Investigaciones Científicas, 1963), 147.

> 若平信徒在周日或其它节日狩猎，就要没收其一匹马或一头牛作为惩罚。若神职人员狩猎，就要将其停职直到忏悔结束。在主日做买卖者要被罚一匹马。若商店老板经营店铺，就要自行捣毁店铺或至少罚款55镑。最后，若犹太人在周日工作，就要没收他所雇用的工具。[4]

从与周日相关的其它中世纪法律不难看出，当时也和早前一样，极力反对淫乱或其它不雅之行。与以往相比，这段时期也有新的发展。早期法律只是简单规定这天要休息，并禁止了有限的几样活动（如向法庭诉讼案件）。现在不但要求休息，还扩大了禁令范围，推出了更加详细的规定，比如具体哪些为可搬之物。若细看这些法律会惊奇地发现，人们讨论并定义某种工作合法与否的方式与犹太拉比讨论安息日的方式极其相似。我们知道多年后周日最终成为基督教的安息日，但此时这种迹象还是第一次出现。同时，此时一周的第七日仍被称之为安息日（sabbatum）。但民法与教会法都只是规定在安息日要禁食，并没有规定要休息。

这类法律还带有反犹太的偏见色彩。犹太人可以自行决定是否在安息日工作，但周日他们必须停止工作。再加上基督教的主日变得与犹太教的安息日越来越像——成为安息的一天，人们可能渐渐觉得安息日（the sabbatum）与主日（the dominica）之间的差别仅仅在于遵守的日子不

---

[4] 引自 Fernand Nicolay, *Historia de las creencias, supersticiones, usos y costumbres* (Barcelona: Montaner y Simón, 1904), 2:95.

同。这成为正统基督教与犹太教相互抗衡的标志。"安息日"这个名字仍适用于第七日,但同时主日也成了基督教的安息日(虽然没有直接用"安息日"这个名字)。此外,"守安息日"(sabbathize)这个动词有时是贬义的,代表遵守犹太安息日;而有时仅是休息之意(确切来讲,指出于宗教原因而休息)。

理想:祷告之日

大部分法律都强调主日要休息的义务,但修道院的传统却与此略有不同。在修道院,主日虽也是休息的一天,但根据修道院的传统,休息主要是为了专心祷告、默想与潜心读经,而非休闲娱乐。值得一提的是,当政府与教会对周日的禁令越发严厉之时,本笃(Benedict)的《会规》(*Rule*)却对周日另有一番看法:

> 同样,在主日(dominico)除了那些有任务在身的人,其他人皆须休息,潜心读经。若有人毫无兴趣与心思,以致无法或不愿默想、读经,那干脆让他找点活干吧,免得他虚度周日。(*Rule* 48.22–23)

换言之,周日是休息的一天,但不是为了休息而休息。重要的工作还是要完成的,比如厨师的工作。不可偷懒,周日休息的目的是为了祷告与默想。

本笃之后不到一个世纪,出现了许多修道院会规,不过所有这些会规都比不上本笃的会规。众多会规中,有一条由赛维亚的依西多禄(Isidore of Seville)制定的会规,论到该在哪一天禁食的问题，其观点与当时的普遍观点（至少始于第 2 世纪）一致：周日不可禁食。对此他给出的解释与我们之前讨论周日不该是悲伤之日的理由相似：

> 修道士不可通过禁食庆祝以下节日：第一，献给基督的庄严主日。基督在这天复活，因此主日显得尤为庄重。对跟随基督之人来说，这是喜乐又隆重的一天。
>
> （Isidore of Seville, *Rule* 10）[5]

现实：娱乐之日

关于主日的法律非常严格，而且还被三令五申。这不仅说明主日的休息无比重要，也说明民众实际并没有广泛遵守这条法令。理想中这一天应该是用来修道的：人们专注敬拜、祷告与行善。而事实上，因为平日里根本没有空闲时间，大部分人完成弥撒的义务之后就去参加各样活动。早期对戏剧与舞蹈的禁令主要是针对专业演员（舞台上的表演者），而现在则是针对日耳曼民族带来的传统舞蹈与节日。这些传统延续至今，常以基督教的名义举行。一位剧院历史学家如此描述当时的节日（尤其指周日）：

> 女子合唱队唱着嬉戏之歌、跳着放荡之舞进入教堂辖区，甚至进入教堂圣楼。历代

---

[5] In Julio Campos Ruiz and Ismael Roca Meliá, *Santos padres españoles* (Madrid: Biblioteca de Autores Cristianos, 1971), 2:107.

教会都竭力对抗此类亵渎之行……这是一场漫长之战，而最终教会还是难以真正将这些舞蹈拒之门外。[6]

虽说大部分人不大可能参加这样的活动，其淫乱低俗之气也是被敬虔的信徒夸大了。但在周日（以及其它教会节日）仍有许多杂技演员、舞者、歌手等艺人在广场上聚众表演。因为这些广场通常都在教堂前面，所以教会常会抵制这类活动。反过来，广场上的人群则在舞者与艺人的带领下，涌入教堂而欢呼庆祝。有时候，教会领袖就顺势推出有关神迹奇事、道德教训与基督教教导的演出——这便是现代戏剧的来源之一。但一般情况却是庄严、悲怆的弥撒过后，迎来轻浮的庆典，这两者形成了鲜明的对比。于是，此时的周日带着浓厚的双重性：一方面是神圣的一天，充满强烈的庄严感与沉郁感；另一方面，弥撒结束后的生活却充满欢乐，甚至疯狂。

此外，须知周日沉郁与喧闹的双重性只限于城镇与城市。修道院及其管辖之地的情况与城市有所不同。与社会大众一样，大部分的修道院会规都强调主日休息的重要性（不是休闲娱乐，而是专注祷告、读经与默想）。因为修道院附近的土地归修道院所有，那里的农民与百姓无疑也深受修道院的影响。每到祷告时刻，修道院都会响起钟声。附近的居民主要就靠这些钟声来计时。周日，大部分人都去修道院参加弥撒。他们看到修道士在这一天停止常规活动，专注于祷告与默想。因此，即使这方面的论据不足，

---

[6] Edward K. Chambers, *The Mediaeval Stage* (Oxford: Oxford University Press, 1903), 1:161–62.

我们也可以推测：在修道院领地内，周日双重性不及城镇浓厚。

主的来信

公元 600 年左右，来自西班牙卡塔赫纳的李锡尼主教 (Bishop Licinianus of Cartagena) 写信给伊比沙岛 (Ibiza)（巴利阿里群岛 [Balearic island] 之一）的另一位主教，谴责他竟相信"有一信件从天而降"的说法，还在会众面前高声宣读这封信。李锡尼主教所说的这封信可能是指当时开始流传的《主日之信》（*A Letter on the Lord's Day*）。这封信的完整标题为："来自我们的救赎者主耶稣基督之神的信"。甚至到 19 世纪，仍有人对此深信不疑。根据信中传说所言，圣彼得在梦中向罗马主教显现，叫他去看浮在教堂圣坛半空的一封信。主教果然寻得此信，并招聚全体会众，三天三夜为此不住祷告。最终这封信落到了主教手上。这是一封非同寻常的信，因耶稣在信中证实"此信并非人手所写，乃是出自那位看不见的父"。[7]

信的主题是"当守主日"，所以此处特地提及此信。与之前的《十二使徒遗训》一样，此信也再三称主日为"主的主日"（*kyrias kyriakēs*）。信中提到与主日相关的三大主要表征：

（1）我们的神，主耶稣基督在这日从死里复活，因此这日比其它日子更加神圣；

---

[7] 希腊文本请参考 Aurelio de Santos Otero, ed., *Los evangelios apócrifos* (Madrid: Biblioteca de Autores Cristianos, 1966), 715–25.

（2）在第一日，神创造天地，设立日子与时间；

（3）在这神圣的主日，神要审判全地。

除此之外，关于这日为何特别神圣，这封信还列出了其它理由：这日是亚伯拉罕款待天使之日；是摩西在西奈山上接受律法之日；是天使报喜之日；也是主耶稣受洗之日。

饶有趣味的是我们注意到，虽然在教会正式崇拜中，强调十架与受难的弥撒，以其悲怆的庄严感掩盖了耶稣复活的喜乐及信徒对末世的盼望，但是这封信的作者（不管是谁）却视主日为喜乐与盼望之日，不仅依照传统认为主日与复活、创造之始、耶稣再临相关，还将这日与其它欢喜之事（如颁布律法、天使报喜、耶稣受洗）相联系。

但此信也有严苛的一面。信中论到主日的遵守方式，写道："不按规矩遵守主日的人有祸了。"这些规矩大多与聚会、宗教仪式相关："在圣餐礼上喋喋不休的有祸了"；"不相信圣经的有祸了"。有的是道德层面的："犯奸淫的修道士有祸了"。最后还有社会层面的："霸占房子与土地，使他人无处容身的有祸了"；"苛扣工人工钱的有祸了"；"放债取利的有祸了"；"在圣殿献祭却与邻舍争闹的人有祸了"。还有些咒诅是为了确保有人宣读此信："不高声宣读此信的神父有祸了"。显然，这位不知名的作者想借此让人严格遵守主日，从而进行改革，以挑旺信徒热心，提高道德标准，彼此和谐相处。

这也是许多教会领袖竭力追求的目标。但包括李锡尼主教在内的绝大多数领袖都认为，这封自称从天而降、写得天花乱坠的信简直就是一派胡言、亵渎真神。许多人效法李锡尼主教还未读完就将其付之一炬。尽管如此，信的内容仍不胫而走，被一些轻信传言、盲目接受其改革呼召的修道士所抄写。

此信归根到底就是呼吁改革。但中世纪有关教会改革的呼召众多，这信实在算不上有力的号召，充其量只是表达了普通民众（那些相信这信真是神所写的人和将此信抄写、保存的修道士）的信仰而已。另外，周日对此改革至关重要，因为包括新道德观与公正观在内的各项改革都是以遵守主日为基础的。在此起彼伏的反对声中，此信却依然被保留下来，我们便可从中真实地了解当时的信徒是如何理解周日及其意义的。

这封天国来信可谓荒谬至极。但在中世纪，类似的文献多如牛毛，皆是一派胡言。这些文献虽从未得到教会认可，有的甚至还被教会公然指责（比如李锡尼主教的例子），却依然广泛流传，进而改变了中世纪的生活习惯，其影响力度并不亚于正式的教会教导。

第十二章 阿奎纳论周日与安息日

安息日在十诫中的地位

《主的来信》与类似文本广为流传，深深影响着个人的敬虔观。同时，中世纪的神学家也各抒己见，对周日的理解见仁见智。此书篇幅有限，不便详谈。总之，随着有关周日休息条例的不断出台，渐渐地，人们普遍认为：安息日是周日的预表与影儿，一旦现实来临，便不再需要影儿了。这种观点通常基于反犹太情节。例如，大马士革的约翰（John of Damascus）认为，神赐安息日律法是因"犹太民族人数众多，又贪恋一切俗物"。但是，对我们而言，既然"幔子已裂"就意味着"完全抛弃世俗之物，在灵里服侍主、与神交通"（*On the Orthodox Faith* 4.23）。[1]

这最终引发了经院学者的思考：为什么十诫会包含安息日的命令？除安息诫命以外，其它诫命都是公义与道德方面的，适用于包括基督徒与非基督徒在内的全人类，而安息的诫命并非人人适用。既然教会乐于遵守其它诫命，

---

[1] NPNF2 9:95–96.

为何唯独不守安息日呢？

阿奎纳的著作《神学大全》（*Summa theologica*）有一章就是专论十诫的，内中谈论了安息日与经院神学家的观点。托马斯在开篇就宣称：十诫之律乃公义之律，为"众律法之首，对自然理性来说，为显而易见之事"（*Summa theologica* 2-2, q. 122, a. 1）。与神人关系相关，也与公义有关，因此十诫的命令为公义的律例。前三条论述与神之间的关系，其余涉及与他人的关系。（托马斯与多数中世纪罗马天主教对十诫的解读，不同于新教的解读。他们所说的第一条诫命，其实是新教徒所谓的第一条与第二条。因此，新教徒认为安息日的诫命为第四条诫命，在托马斯看来这是第三条诫命。）

道德律与礼仪律

既然十诫是行为规范的基本原则，所有人都可透过自然理性明白十诫，并常常遵行。那么，"守安息日"的诫命也应与"不可有别的神"、"不可奸淫"的诫命同等重要。这可给托马斯出了个大难题。为此，他借助"礼仪律与道德律之别"这个历史悠久的神学传统来解决此难题。礼仪律是为了记念耶稣及其救赎。因此，有关献祭、饮食、特殊之日等类似规定都是仪式之律，不再有约束力。相反，有关道德基本原则的律例仍有约束力，必须服从。托马斯先前说过，十诫作为公义之律、行为之准则，是自然理性可以明白的，必须要服从。但是在此处他认为，"守安息日"这第三条诫命既属于道德基本原则，也属于礼仪律。

从字面上看，"守安息日为圣日"的诫命既有道德性的一面，也有礼仪性的一面。称之为道德律是因为人要腾出时间敬拜神圣之事，正如人的天性使然，需要为饮食、睡眠等必要之事，花一些时间。这诫命受自然理性支配，要求专为神圣事物留出时间，因此它属于道德诫命。但同时，这诫命也属于礼仪律。因为在安息日要花特定时间记念世界被造；也因耶稣在第七日被埋葬，这一天表示耶稣安息于坟墓，象征罪行止息、在主里得安息（这一点也属于道德层面）……因此，"守安息日为圣"的诫命被列十诫之中，是因其道德律的一面，而非礼仪律的一面。(*Summa theologica* 2-2, q. 122, a. 4)

因此托马斯宣称，安息的诫命为道德律，所有基督徒都须遵守。但守安息日的具体方式与时间属于礼仪范畴，为要预表基督。一旦应许成为现实，这些仪式也就失去了功用。若继续守预表基督的仪式，便是认为旧约关于基督的应许已落空。因此托马斯的结论就是，我们需要继续遵守安息日的诫命，但内中指向基督降临的那部分就无须再守了：

> 在新的律法中，主日（observatio diei Dominicae）替代了安息日。这改变不是靠律法的权柄，而是通过教会组织与信徒惯例的改变而实现的。遵守主日不再是象征性的，这与旧律法中遵守安息日完全不同。因此，类似烹饪这样的行为，在原来的安息日是被禁止的，现在却是可行的。
> (*Summa theologica* 2-2, q. 122, a. 4)

大体上，托马斯之后的多数中世纪神学家也是如此区分安息日与主日的。因此我们即使忽视了某些安息日的律法与习俗，也照样可以遵守安息日的诫命。托马斯也提出，把安息日的时间由第七日调整为第一日是教会所为。这个观点最终被用来反驳新教徒坚持的"唯独圣经权柄"——因为新教徒所遵行的安息日是由教会设立而非圣经教导。

要点总结

中世纪时期的周日概览至此结束，其中要点总结如下（这几大要点可以说明之后周日的发展）：

第一，有关周日安息的法令接连不断。继著名的君士坦丁法令之后，大小权利机构相继颁布数以千计的相关法令，其中有民法也有教会法。

第二，这类常与第七日诫命相关的立法推动了发展，周日逐渐成为基督徒的安息日。这种认为周日已取代安息日的观点通常是基于反犹太情节，宣称安息日属于"肉身"犹太人，而周日则是为"属灵"基督徒而设的。也有人这样解释安息日的替代：花一天的时间安息属于道德律，而具体在哪一天安息只属于预表基督的礼仪律。既然应许已经实现，就无须再遵守礼仪律了。

第三，圣餐焦点的转变。先前的焦点是出席聚会、领受圣餐的会众，认为他们就是基督的身体；现在则认为圣饼才是基督身体，以圣饼为重。

第四，圣餐被视为基督献祭的重演（不流血的献祭）。中世纪的教会不断强调这种观点，导致古老仪式中的喜乐之情与胜利感被悲哀的气氛所取代。圣餐不再关注耶稣复活与末世盼望，而是强调人的罪恶，及为拯救罪人而立的十字架。

第五，以上情况使圣餐成了一场圣剧演出，会众只要观礼便可受益。因此，虽然人们定期参加弥撒，却极少真正参与圣餐礼。

第六，既然弥撒看重献祭而非在场领受圣餐的人，那么为缺席者或死者举行私人弥撒便是家常便饭。

第七，与初期教会时期一样，周日仍为喜庆之日。但此时之喜为休闲娱乐之喜，而非耶稣复活之喜。一旦完成参与弥撒的义务，人们不是去观看杂耍与小丑表演，就是去唱歌跳舞，甚至还会干些粗鄙之事。因此，周日既是重现基督献祭的伟大日子，同时也体现了人的堕落（恰恰是这些娱乐活动体现了基督献祭的必要性）。

第四部分 宗教改革及之后的时期

关于 16 世纪的周日历史研究相对较为复杂。在活字印刷术与新教宗教改革的影响下,有两大现象尤为明显。第一,因着印刷术的诞生,产生了大批文本材料。在研究早期历史时,我们手头可供参考的文本极其有限;而现在,参考文本数不胜数(大部分都是中世纪的文献),我们需要在众多文本中,挑选对我们的研究最重要、最有用的那些资料。

第二个困难与第一点类似:在之前的研究中,至少在西方,还只有一个统一的教会,我们所引述的观点相对比较简单。虽然有时会意见相左,各有侧重,各方面也不断有所发展,但在基本的神学问题上观点是一致的。到了 16

世纪，这种一致被打破，产生了相互抵触、常常彼此对立的神学传统。所有这些因素都需予以考虑。在有些传统中，对周日的意义、遵守各执一词；而有的神学传统虽然不是出自同一时期，却相差不大。

鉴于以上两大难题，接下来的章节就按年代编排。先研究宗教改革时期，再探讨以后的时代。在论述有关周日以及周日礼仪的变化时，须谨慎选择参考资料，以免带来不必要的重复。

第十三章 宗教改革

天主教

有资料显示,可能早在15世纪,就已经有人坚持要守安息日了。佛罗伦萨宗教会议(The Council of Florence, 1438–1445)把遵守安息日与割礼连在一起,宣称凡遵守这两者的人将无份于永恒救赎。但这规定到底是针对守安息日的基督徒,还是纯粹为了攻击犹太人与犹太教,我们不得而知。[1] 宗教改革时期仍有这方面的争论,但很少归入神学层面的探讨。因此,天特会议(the Council of Trent 1545–1563,通过立法平息各种争议)认为这并非重点,无需多谈,但"周日已取代安息日"是当时的盛行观点。因此,天主教常以"周日敬拜的惯例是靠教会权柄设立而非圣经教导"为理由,来反驳路德的唯独圣经的原则。[2] 在天

---

[1] Henrici Denzinger, *Enchiridion symbolorum defnitionum et declarationum de rebus fdei et morum* (Rome: Herder, 1957), 712.

[2] 见 John Eck von Ingolstadt, *Enchiridion of Commonplaces against Luther and Other Enemies of the Church* (Grand Rapids: Baker, 1983), 101–2.

特会议闭会之前的讲道中,雷焦(Reggio)大主教傅思可(Gaspar del Fosco)也论到教会权威高于圣经:

> 安息日是律法中极为荣耀的一日,而现在已经变成主日。亚伯拉罕及其子孙若不受割礼,就要从百姓中将其灭绝,但这律法现已全然作废……是教会权柄改变了这一切。[3]

从下文可以知道,路德自己为这个观点提供了基础。

天特会议讨论较多的是有关守周日的其它方面。多半重申传统教义,如化质的教义和视弥撒为献祭的教义。但鉴于宗教改革开始后,礼拜仪式变得多种多样,甚至混乱不堪,会议也致力于捍卫仪式的一致性。因此,会议规定弥撒必须使用拉丁语,即使这意味着要用各地方言再向会众解释一遍(session 28, canon 8)。[4] 教皇庇护五世(Pope Pius V)为寻求仪式的一致性,发行了一本弥撒书(missal),规定所有人都必须严格照书而行,不得离弦走板或加枝添叶。据教皇所述,除某些指定的特殊情况,这份弥撒书随时随地行之有效。

---

[3] Mansi, *Sacrorum conciliorum nova et amplissima collectio* (repr.; Paris: Welter, 1901–1927), 33:529–30. 甚至到了 21 世纪,仍有一些极为保守的天主教护教家利用这个论点反驳新教。他们认为,既然在周日举行敬拜是靠教会权柄而设,那么如果新教徒要遵守圣经,就必须放弃在周日举行敬拜(基督复临安息日信徒也是利用这个论点)。

[4] Denzinger, *Enchiridion*, 946. 不过,古莫札拉比(Mozarabic)礼、高卢(Gallican)礼与米兰(Milanese)礼(使用的也是拉丁语)仍可使用。

马丁路德

宗教改革带给周日礼拜最大的改变就是地方语言的使用。虽然天主教会为统一起见，坚持使用拉丁语，但路德为会众之故提倡使用地方语言。对路德来说，这不仅是语言的改变，更是一种文化涵化（enculturation）。在公元1525年，有些人想要推进、加快改革（在路德看来并不妥当），有人坚称弥撒必须使用德文；路德却说道："德国人用德文做弥撒，我实感欣慰。但若强行规定非此不可，未免言之过甚。"（*Against the Heavenly Prophets*）[5]

他还认为"德文弥撒"并不单单是语言的转化，更是一种文化嵌入。在提出弥撒要使用德文后，他马上解释道，真正的德文弥撒远非如此。

> 今日能用德文做弥撒，我甚是欣喜，愿尽力而为。但我极盼望我们的弥撒能真正拥有德文特质。我虽同意在翻译拉丁文歌词时，仍保留拉丁曲调，但这样听着并不悦耳，也不顺畅。因此，不管是歌词、曲调、腔调、旋律，或演唱方式，都应源自所用母语及变体，否则就和猩猩一样，只是纯粹在模仿而已。（*Against the Heavenly Prophets*）[6]

路德对弥撒的论述于公元1526年出版，里面除了垂怜经（Kyrie）仍用希腊文演唱，其它都是德文。在歌词

---

[5] *LW* 40:141.
[6] *LW* 40:141.

与音乐的处理上，路德所做的并不是简单的翻译与调整，而是下足功夫改编，以引起德国人的共鸣。路德简化了歌唱部分，使用德国人惯用的普通方式演唱；因此，所有人都可以参加整场弥撒，包括吟唱在内。对路德来说，这是优秀礼拜音乐的标志之一。另外一个标志是以基督为中心，彰显福音。

在路德发行德文弥撒书之前，他已经出版了一份拉丁文弥撒书。虽是传统弥撒，却去除了一切隐含靠行为得救、人的功德、化质说、弥撒为基督之祭的内容。德文弥撒虽然在音乐与用词上更贴近德语文化，但总体上还是依循这一拉丁文弥撒的顺序。不过，路德并不赞成统一的敬拜。在德文弥撒的序言中，他写道：

> 首要的是，欲了解或渴望遵守我们圣礼秩序（Order of Divine Service）的人，为神的缘故我迫切恳求你们，万万不可以此为强行之法，使他人的良心陷入网罗。相反，只要条件许可或需要，不管何时何地，根据基督徒的自由，甘心乐意而行。此外，我们也不愿人觉得我们想管辖他人，或通过律法强迫任何人。[7]

路德不仅谈到基督徒的自由，也告诫众人不可以这自由冒犯他人。他强调："尽管如此，我绝不希望你们放弃已有的良好秩序（或蒙神恩典甚至是更好的秩序）而顺从我们，也不是说整个德国都必须采纳我们威登堡秩序

---

[7] In B. J. Kidd, ed., *Documents Illustrative of the Continental Reformation* (Oxford: Clarendon, 1911), 193.

（Wittenberg Order）。"[8]

虽然这和我们的研究课题关系不大，但用方言敬拜、用欧洲各地语言翻译圣经的影响却很大，不容忽视。这是几个世纪以来，普通会众第一次明白敬拜的内容。随着翻译与印刷业的不断发展，不管是个人读经还是家庭聚会，人们在家中读经已为常事，尤其是在周日。

众所周知，路德非常看重讲道。他通常在周日做弥撒时讲道，但平日里其它情况也有讲道。但讲道绝不以布道者及其权威为重，只是单单定睛于所宣讲的那一位。1546年2月15日，路德在他的最后一篇讲道中，清楚说道：

> 忠心的传道人须殷勤、信实地单单传讲神的话语，唯独寻求祂的荣耀并赞美祂。同样，听众也要如此回应：我所信的并不是我的牧师，乃是他所教导的主——祂名称为基督。我们听从牧师的教导，是因他向我们显明基督，将我们引向这位真教师和主，就是神的儿子。[9]

总之，宣讲神的话语与圣餐庆典成为周日的主要活动来传扬透过耶稣基督十字架的恩典而得救的福音。除此之外，别无他法。有信徒认为，要得救就必须遵守周日或必须在周日休息，这些靠功劳得救的想法皆不可取。

与此同理，私人弥撒也被废除。首先，私人弥撒忽视了敬拜和参与团体生活的重要性。其次，私人弥撒也使弥撒成为个人的功德或功劳。

---

[8] Kidd, *Documents*, 193.
[9] *LW* 51:388.

公元 1524 年，迦勒斯大（Andreas Bodenstein von Karlstadt）出版了著作《论安息日》（*On the Sabbath*）。路德在对此书的回应中探讨了谨守周日的问题。[10] 迦勒斯大认为，安息日的诫命属于道德律，因此仍需遵守。人类堕落之后，神因怜悯赐下安息日，免得我们终日劳苦。迦勒斯大并不是说教会在周日敬拜有何不妥，也不是说周六比周日更好。相反，他宣称我们可以自由选择一日作为安息日。但为了同聚听道，最好还是有统一的休息日，而不是各人随己意而定。他也提出"外在安息日"与"属灵安息日"的区别。前者是七日一次的节日遵守，后者则是一种需要时刻保持的态度，要求信徒"保守圣洁，在每个工作日都有安息时刻"，以便经历福音之安宁（Gelassenheit）。属灵安息日是为了让我们停止劳碌，不再靠自己去讨神喜悦，让神在我们里面作工。神在《出埃及记》里提出安息之命的原因是：因为"我们所行的妨碍了神的工作"。属灵安息日的具体遵守方法，大体就是低头祷告、双手掩面、痛心悔改。

路德却对此不以为然，他对迦勒斯大回应如下：

> 真要感谢保罗与以赛亚，让我们在很久之前就得以摆脱乖戾的灵。否则，我们也要受人欺哄，在安息日整日静坐，"掩面"静候有声音从天而降。诚然，若迦勒斯大再继续谈论安息日，恐怕连周日都要让位，我们要在周六庆祝安息日了。他使

---

[10] "On the Sabbath," in *The Essential Carlstadt: Fifteen Tracts*, trans. and ed. E. J. Furcha (Scottdale, PA: Herald, 1995).

> 我们在诸事上成了犹太人，让我们也遵守
> 割礼等犹太礼节。（Against the Heavenly
> Prophets）[11]

迦勒斯大并没有说遵守安息日必须要在第七日，而非第一日，这也不是路德反对他的原因。路德不赞成迦勒斯大，主要是因为他提议要在安息日那天为罪哀悼，而不是庆祝恩典。其次，迦勒斯大提出"不要工作"（not working），而单单让神作工，但这"不工作"其实也是一种隐含的工作，是想靠自己取悦神。因此，本质上还是靠行为称义。路德虽然在早年很支持神秘主义者，但后来，因为这一点而反对他们。迦勒斯大还提出周日只是由教会设立、专门用来敬拜的日子，除此之外并无特殊之处。这点路德倒是与迦勒斯大意见一致。但路德反对中世纪的传统观点——认为周日已取代犹太安息日，因此仍须遵守十诫中的安息之命。此外，为公义之缘故，路德声明，七日中须有一日让雇工等人歇息，免得他们终日劳苦。

路德曾说，若按迦勒斯大的原则而行，最后割礼就会成为必需品。显然，这猜想最终成了现实。公元1538年，路德发表了一封写给朋友的信，名为《反对守安息日者》（Against the Sabbatarians）。他在信的开篇提到，他的朋友告之，"基督教被犹太人的毒教义所侵蚀。有基督徒被迷惑而受了割礼，并认为弥赛亚或基督还未出现。"[12] 令人遗憾的是，这使得路德猛烈地攻击犹太人与犹太教，反而极少谈到安息日。论到安息日，他只说：一周第七日要休

---

[11] *LW* 40:93–94.

[12] *LW* 47:67.

息的诫命只针对神带领出埃及的那群人，但静默与以敬拜之日为圣的诫命却是普世性的。"因此，第七日与我们外邦信徒无关。"[13]

慈运理（Ulrich Zwingli）与布塞珥（Martin Bucer）

同路德一样，慈运理也特别强调周日的重要性，废除了许多圣徒日与其它中世纪的节庆仪式。周日敬拜以讲道为主，周间也常有讲道活动。慈运理认为，圣餐的重要性在于提醒信徒心存敬畏，记念基督被献为祭。若庆祝过于频繁，会减弱圣餐的意义。因此，一年只需举行四次圣餐礼。另外，为强调圣经权威高于教会与传统的权威，按顺序讲解圣经各书卷取代了经选集（lectionary）的使用（慈运理的讲道就是从《马太福音》的家谱开始）。既然一年只有四次圣餐礼，所以即使在周日，敬拜的中心也是布道，而非圣餐。相比起初至少每个周日都要举行一次圣餐的传统，现在的圣餐频率大大降低，所以慈运理希望所有信徒都能参加。而相比中世纪一年只领受一次圣餐的传统，此时的圣餐又是相对频繁的。慈运理改编的圣餐仪式于1525年出版，早于路德的版本。他的敬拜仪式十分简朴，为了遵行圣经传统，甚至连音乐也不用，只是轮流吟唱《诗篇》，许多慈运理神学理论的追随者却不赞同这点。因此，瑞士其它地区的教会与慈运理的教会不同，周日聚会仍有颂唱环节，甚至还为此出版诗歌集。所以，不仅慈运理本人偏爱简朴的周日聚会，取消颂唱环节的做法在后来的改革宗传统中也甚为普遍，但此时并不是所有的追随者都在这点

---

[13] LW 47:92.

上与慈运理意见一致。慈运理虽谱写诗歌,却拒绝在周日使用这些诗歌。讽刺的是,在他去世后,他的部分诗歌被人发表出版。[14]

斯特拉斯堡(Strasbourg)的改革家布塞珥认为,基督教国家要想拥有良好的秩序,必须在周日遵行十诫中关于安息的教导。既然律法有遏制社会恶行的"第三种功用",作为基督教国家的统治者就应当遵行律法,使周日的休息成为当尽之责。布塞珥想请斯特拉斯堡的当局出面执行周日安息的法律,但他未能成功劝说政府如此行。来自苏黎世的布林格(Heinrich Bullinger),作为慈运理的继承者,也持类似观点。

重洗派

"重洗派"(Anabaptism)最早开始于慈运理所在的苏黎世,后来遍及欧洲中部。路德主张保留一切没有违背圣经的礼节,慈运理只实行圣经提及的礼节,而重洗派则更进一步,试图按照新约的模式重塑生活与教会。

多数重洗派信徒简化周日敬拜,使其不那么正式。通常信徒只是聚在一起研讨圣经,无人讲道。聚会的高潮部分,大家围坐一张桌子庆祝主餐、分享爱宴。有人坚持按圣经教导使这日成圣;甚至有人秉着严格遵照圣经的原则,坚持认为敬拜应该设在第七日而非第一日,并在这一天严格安息。

因此,"严守安息日主义"(Sabbatarianism)这个词有

---

[14] Ulrich Gäbler, *Huldrych Zwingli: His Life and Works* (Philadelphia: Fortress, 1986), 108.

两层意思，我们必须加以区分。有人宣称要按圣经教导谨守周日，而被称为"守安息日者"。对他们来说，周日就是安息日，须如此遵行。但另一批人，后人称之为"守第七日安息日者"（Seventh-Day Sabbatarians），坚称第七日才是名副其实的安息日，周日的敬拜与礼节是由教皇或君士坦丁（或由两者共同）创立的。

"守第七日安息日者"出现在宗教改革初期。路德指出，在摩拉维亚（Moravia）与奥地利（Austria）先后出现了一群愚蠢之人，宣称要按犹太传统谨守安息日。除此之外，路德并未过多论述。直到 1538 年，他写了一封反对"守安息日者"的公开信（就是我们先前引述的那封）。通过这份文献，我们清楚知道路德在攻击"守第七日安息日者"（按字面理解，就是指那些谨守第七日、守割礼之人）。

显然多数重洗派信徒都不是"守第七日安息日者"，但也有守主日为安息日的"安息日者"，甚至还有人遵守、支持守第七日为安息日的做法。重洗派信徒群体多样，流动又大，因此无法研究这派内部"守第七日安息日者"的发展历程。[15] 不过，在主流的重洗派中，关于"第七日安息日论支持者"的记载倒是颇多。格雷特（Oswald Glait）原是一位路德宗牧师，曾被驱逐出奥地利而定居摩拉维亚。他受重洗派知名神学家巴尔塔萨·忽麦尔（Balthasar Hübmaier）影响而归入重洗派。但在和平主义的问题上，由于格雷特支持而忽麦尔反对，两者便分道扬镳。最后（具体时间不详），格雷特成了一位"守安息日者"，出版了一

---

[15] 相关全面的文献，见 Gerhard F. Hasel, "Sabbatarian Anabaptists in the Sixteenth Century," *Andrews University Seminary Studies* 5, no. 2 (July 1967): 101–21; 6, no. 1 (January 1968): 19–28.

本题为《论安息日之小册》(*Booklet on the Sabbath*)的书。此书虽已失传,但其内容可通过其批判文献略知一二。格雷特认为,亚当在堕落之前谨守安息日,但后来因未守诫命而被逐出伊甸园。因此,拒守安息诫命之人也照样会被天国拒之门外。这安息日是神所立的敬拜日,只能是一周的第七日,不可更改;但是,周日的敬拜仅是教皇设立而已。[16]

格雷特的同工费安德(Andreas Fischer)是重洗派的另一位"守安息日者",也曾为严守安息日主义辩护。[17] 其论著的主要观点就是,守安息日是十诫之一,我们必须谨守。他认为,周日是君士坦丁设立的,而安息日则是神所设立的。

史上对于重洗派严守安息日主义的回应颇多。我们知道多数宗教改革的领袖与路德一样,皆反对和批判这种观点。这种严守安息日主义的早期形式后来逐渐销声匿迹,只在特兰西瓦尼亚(Transylvania)及其周边区域流传至12世纪。[18]

---

[16] Daniel Liechty, *Sabbatarianism in the Sixteenth Century: A Page in the History of the Radical Reformation* (Berrien Springs, MI: Andrews University Press, 1993), 31–33.

[17] 至于格雷特是否影响了费安德的观点,又是否采纳了后者的观点,详见 Daniel Liechty, *Andreas Fischer and the Sabbatarian Anabaptists: An Early Reformation Episode in East Central Europe* (Scottdale, PA: Herald, 1988), 59–62.

[18] See Liechty, *Sabbatarianism*, 78–84.

约翰·加尔文

作为第二代新教神学家的领军人物,加尔文与其他改教家一样,都特别重视周日,废除其它一切与之背离的节日与盛典。受其影响,日内瓦宗教法庭(Consistory of Geneva)在 1550 年颁布法令,规定周日作为神所设立的敬拜日将成为唯一的合法节日。在日内瓦,加尔文不仅驳斥各种守安息日者,还与一位名叫格林纳斯(Colinaeus)的人辩论。格林纳斯宣称,用一天的时间来敬拜、休息,便是效法犹太人,削弱了福音的自由。结果,格林纳斯因此被囚牢狱。在这期间,有一位名叫法夫里(Christophe Fabri)的人出于同情去监狱探望他,竟被指控同流合污。[19] 可见当时社会对格林纳斯的偏见有多么严重。对于守安息日者以及格林纳斯这类宣称完全废除安息的人,加尔文回应如下:

> 我们谨守主日,并因此超越犹太教。因我们与他们在这点上大相径庭。我们并非以一种僵化死板的仪式庆祝,认为这是奥秘之事。乃是将主日作为教会维持秩序的手段。(*Inst.* 2.8.33)

加尔文认为,保罗在《加拉太书》中提到的那些"谨守日子"之人,"不劳作的原因并非是工作,让他们分心,使他们难以专注圣经学习与默想,而是他们自认为这样恪

---

[19] 1537 年 7 月 31 日,法夫里觉得务必要写信给日内瓦的牧师,以阐明自己的立场,否认自己与格林纳斯意见一致。此信可参考 A.-L. Herminjard, *Corrrespondance des réformateurs dans les pays de langue française* (repr.; Nieukoop: De Graaf, 1965), 4:270–72.

守陈规谨守日子，可以荣耀神所命定的奥秘"(*Inst.* 2.8.33)。而教会选择谨守周日（而非周六），免得"人误以为我们在庆祝犹太人的圣日"(*Inst.* 2.8.33)。

古人用主日替代安息日，既为了避嫌，也为了记念主的复活（主的复活是真安息的开始，也是我们要追求的目标）。但即便如此，加尔文仍明确表明这个决定并不具约束力。他不以某一天为特殊之日，也不认为"七"这个数字有何特殊之处。因此，他说："只要没有迷信某个日子，我不反对教会在其它庄严之日聚会。"(*Inst.* 2.8.34) 不过，不能因第四条诫命的实质为礼仪律就置之不理："安息的律例为属灵上更高的奥秘，因此这条诫命实为礼仪律，但我并不是说它就没有其它用途。"[20]

谨守主日的其它原因如下：让我们谨记终极安息日，得以腾出时间默想神的作为，防止我们压迫那些受管辖之人(*Inst.* 2.8.28)。但加尔文同时也表示自己无法容忍那些坚守迷信之人，他们比犹太人更愚昧，迷信世俗安息日的程度比犹太人更甚。"(*Inst.* 2.8.34)

加尔文很好地总结了新教重视讲道的立场，明确说明神的道与圣餐礼相辅相成，不可分割。

举行圣餐礼必须要宣讲神的话语。主餐对我们的一切益处，皆是透过祂的话语……因此，若把圣餐变成一场无言典礼，就像教皇专政时期一样，便是荒谬至极了。他们认为，神父可以决定整场献祭，好像圣餐与会众毫无关系。恰恰相反，这奥秘最该向会众解释清楚。(*Inst.* 4.17.39)

---

[20] John Calvin, *Commentaries on the Four Last Books of Moses Arranged in the Form of a Harmony*, trans. Charles William Bingham (repr.; Grand Rapids: Baker, 1979), 2:437.

在周日敬拜之中,神的话语与圣餐密切相关。加尔文非常看重这一点,并以此为教会的主要标志:

> 教会若诚实宣讲、领受神的话语,按基督的教导设立圣餐,那么,这无疑就是属神的教会。(*Inst.* 4.1.9)

加尔文不断强调神话语与圣餐的关系,希望在日内瓦恢复"每周日都领圣餐"的古老做法。此惯例在天主教与路德宗内保留了下来,但瑞士多数的新教城市都受慈运理的影响,不再如此行。另外,加尔文认为单单参加圣餐仪式是不够的(这在天主教内极为普遍),所有信徒都必须领受圣餐。他论道:

> 对圣餐礼的诸多论述皆充分说明,一年一次的圣餐礼是远远不够的……在初期教会,但凡有聚会就有讲道、祷告、领受主餐与奉献,这是当时的黄金法则。信徒一周至少要举行一次主餐,我们也因主餐所代表的应许而得着属灵的喂养。(*Inst.* 4.14.44, 46)

日内瓦市政局并未通过加尔文的提议,但倾向于慈运理在苏黎世所提倡的做法。因此,"圣餐为周日敬拜不可或缺的一部分"只是加尔文个人的想法,而非那些将加尔文主义传遍欧洲之人拜访日内瓦时的所见所闻。在苏格兰,诺克斯(John Knox)提出一个月举行一次圣餐。即使如此,1562 年的苏格兰教会联合大会(the general assembly of the Church of Scotland)也只要求在城市里一年举行四次圣餐,小镇一年最少两次。一个世纪以后,苏格兰长老会(Scottish Presbyterians)与英国分离派清教徒(Separatist English Puritans)通常都是一年举行一次圣餐。

因此,虽然加尔文与路德宗的传统都强调讲道的重要性,建议一周举行一次圣餐,但在改革宗内部,周日的敬拜渐渐只关注讲道,而圣餐则是偶尔举行,甚至成为罕见的仪式。

英国圣公会

当圣公会逐渐形成自己的教义时,它就将"安息日及其与第四条诫命的关系"的理解,建立在以"礼仪律与道德律之别"为理论基础上。以下这段引自托马斯·克兰麦(Thomas Cranmer)大主教发表于1543年的教义问答,是很好的例子:

> 如奥古斯丁(St. Augustine)所说,其它九大诫命都是道德律,不仅属于犹太人,也适用于旧约时代的其他人以及新约时代的所有基督徒。但在第七日歇了工作、让身体休息的安息命令却是礼仪律,只属于基督降临以先旧约时代的犹太人,与新约时代的基督徒无关。然而,身体安息所预表的属灵安息(就是从肉体劳作、各样罪恶中得安息)却是道德律,一切属基督之人都要遵行。不单单是每周第七日,而是每天每时每刻都要抛开肉体的欲望与享乐,

离弃所有罪行与恶念，追求灵里安息……虽然所有基督徒都须遵守这条诫命，但和犹太人不同，基督徒不再谨守周六的安息日，而是谨守周日，以记念基督复活。除此之外，还有许多其它的圣日与节日。教会规定这些日子为圣，并非因为这些日子更讨神喜悦或更为神圣，而是希望我们在这些日子里能够全然献上，毫无保留地作那些圣工。[21]

总结

简要而言，纵览整个宗教改革时期，有以下几大要点：

最显著的就是，地方语言在敬拜中的使用与地方文化的渗入，破坏了原本的统一性。虽新教徒提倡敬拜使用地方语言，适应各种文化，但天主教却与此相反，直到20世纪第二次梵蒂冈大公会议才采纳了早期新教改教家的做法。同时，地方语言的使用与文化适应也使新教徒的敬拜更简洁，参与性也更强，这在改革宗与重洗派中尤为明显。

第二，虽然某些新教（尤其是改革宗传统下的新教徒）举行圣餐的频率有所降低，但普通信徒的实际参与却大大提升。

第三，新教徒试图简化教会历法、废除圣徒日与其它特殊节日，从而使周日显得更为重要。

---

[21] Quoted in "Sabbath Days," Anglican Rose (blog), November 27, 2012, https://anglicanrose.wordpress.com/2012/11/27/sabbath-days/.

第十三章 宗教改革

第四，为了将新教的基础教义教导给普通信徒，同时因为新教看重圣经教导，讲道（尤其是释经讲道）成为重中之重。这类讲道每周日至少一次，周间也常有类似的分享。

第五，多数新教改教家都承认，在早期历史中，是教会将犹太人的安息日（第七日）调整为第一日——周日或主日。天主教借此宣称，新教徒将传统权柄置于圣经教导之上。

第六，许多新教徒认为，选择第一日为敬拜日是随意之举，主要是因为在这天便于休息与敬拜。不过也有文献提到周日为复活之日，但这类记载并不如初期教会时期那么频繁，也非重点。还有一些人，特别是重洗派，认为这日子不能随意选择，而是神的命定，因此必须谨守第七日而非第一日。

第七，休息日是给我们的一个提醒，表明无人能靠自己的行为配得神的恩典。我们歇了一切的工，承认与神的作为相比，我们的慈善与顺服不值一提。路德等人担心，过于强调谨守周日安息的律法会导致律法主义，从而重蹈"靠行为得救"之覆辙。

第八，至于周日与第四条诫命（在天主教为第三条诫命）之间的关联程度，改教家难以达成一致意见。但基本认为这条诫命既是道德律也是礼仪律。作为道德律，人们必须谨守这条诫命，花一天的时间休息、行属灵之事；而作为礼仪律，这安息日是将来之事的影儿，现被周日替代。

第九，各人意见不一，其中有人（尤其是在改革宗传统内部）赞同"律法第三种功用"之说，认为律法可以按神旨意规范社会，因此政府应强制众民谨守周日。

最后，在诸多有关休息日的讨论中（不管是周六还是周日），有观点认为，这乃防止剥削劳动者的公义之行。这方面虽着墨不多，却也时有强调。

第十四章 英国清教徒主义与安息日

概要回顾

前面几章概述了主日（拉丁文为 dominica）逐渐与安息日和谨守圣日之诫命相连系的过程。君士坦丁规定周日为休息日，大大促进了两者的关联。而在此之前，基督徒（尤其是外邦基督徒）除罗马律法设立的特殊日子以外，没有休息日。由于主日成了休息日，教会与政府便开始颁布相关律法，将主日与安息日的诫命相联系。在神学上，常认为主日已取代安息日，正如教会已取代会堂。这种观念并不存在于古时的教会，却盛行于中世纪。不过，守第七日安息日者认为，若安息日的诫命规定我们在这日要专心敬拜神，难道不应该谨守第七日（而非第一日）吗？我们在上一章中，对守第七日安息日者已有所了解，后文也会再次提到。大部分天主教与新教的神学家（比如阿奎那），都以历史悠久的道德律与礼仪律的区别之神学理论为基础，来回应坚守第七日者。礼仪律预指弥赛亚，现已失效，而道德律依然有效。16 世纪大多数神学家认为，安息的诫命（有人认为是第三条诫命，有人认为是第四条）既是道德律，也是礼仪律。作为礼仪律，要求谨守第七日，因此我们无须再遵守。而作为道德律，规定这日为普世休息日，既为公正之故，也为专心行属灵之事。

然而，关于如何遵守这条诫命，改教家看法不一。总体上，路德和他的支持者担心，过度强调这条诫命会让人再次"靠行为称义"。因此，路德反对迦勒斯大（Karlstadt）提出的"那日所要做的就是什么都不做"。[1] 他担心这种"什么都不做很可能会以一种新的方式成为潜在的靠功德称义"。相反，改革宗神学家不仅希望基督徒和教会遵守此条律法，还希望社会整体都按此诫命而行。所以，慈运理、布塞珥与加尔文或多或少都希望政府能够立法，规定主日休息的条例。还有就是早期的守第七日安息日者（Seventh-Day Sabbatarians），多数属于重洗派，坚称安息的诫命是道德律，因此必须完全遵守——包括要谨守第七日而非第一日。

英国早期的安息日主义（Sabbatarianism）

在大不列颠岛，重大变革悄然而至。[2] 圣公会早期发展阶段，教会改革只限于那些明显不合圣经的地方，其它传统则全都保留了下来。这方面的普遍政策与路德在欧洲大陆所提倡的比较相似。但后来玛丽都铎（Mary Tudor）

---

[1] 编注：迦勒斯大（大约1480-1541）的本名叫安德里亚斯·博登施泰因（Andreas Bodenstein）。从1505年开始，他在威登堡大学（University of Wittenberg）的艺术学院授课，之后在神学院教学。1512年，他主持了马丁路德的博士毕业。迦勒斯大提倡托马斯·阿奎纳（Thomas Aquinas）和邓斯·司各特（Duns Scotus）的哲学教导，以此反驳当时唯名论的趋势。

[2] 此部分内容主要参考 John H. Primus, *Holy Time: Moderate Puritanism and the Sabbath* (Macon, GA: Mercer University Press, 1989).

执政后，许多人遭受逼迫逃往日内瓦、荷兰等地。这些地方盛行改革宗而非路德宗。后来玛丽去世，伊丽莎白（Elizabeth）继任，这些流亡者就回到英国，带回浓厚的加尔文主义神学观而非路德神学。苏格兰的情况大同小异，改教家诺克斯也逃往欧洲大陆避难，来到日内瓦，与加尔文结识。

许多流亡回来的领袖都不满圣公会内部不温不火的改革，认为必须清理教会，废除几百年来增添的诸多礼节，包括圣袍、礼拜仪式中的象征物、风琴乐、服务于王室的强权主教等等。这帮人也因此被称为"清教徒"。作为加尔文派的信徒，他们认为教会与社会都必须按圣经遵守神的律法。在伊丽莎白执政期间，他们虽被压制、受迫害，但清教运动仍在继续，甚至在苏格兰也不断发展。最终，这导致苏格兰女王玛丽·斯图亚特（Mary Stuart）被迫下台，逃往英格兰，最后被其表姐伊丽莎白处死。不仅苏格兰动荡不安，英格兰也发生了清教徒改革，并在1649年将国王查理一世（King Charles I）送上断头台。

虽然清教徒之间意见不一，但他们都致力于教会与社会的全方位改革，使其遵从神的律法，其中包括忠实、坚定地谨守"安息日"。不过，多数清教徒所说的安息日并不是第七日（周六），而是第一日（周日）。因此，他们虽严守安息日，却不属于守第七日安息日者（Seventh-Day Sabbatarians）。

为更好地理解这一点，一定要考虑到语言发展的方式及"安息日"（Sabbath）一词在英文中的意思。在整个中世纪，即便普遍认为周日已取代安息日，周日也未被称为安息日（sabbatum）。因为那时"安息日"（sabbatum）一词特指周日的前一天（周六/dominica），要是再称周日为安息日（sabbatum）就会混淆两者，因此周日不可能被称为安息日。在大多数罗曼语系与希腊文中，情况也是如此，皆以第七日为安息日。试想，你跟一个西班牙人说周日（domingo）就是安息日（sábado），他会怎么想？那原来的周六怎么办？但在英文中，一周第七日的名字与安息日毫无关联。论到第七日，人们只知道这是土星日，大部分人称之为"周六"。因此，七日的第一日，传统上称为周日，而现在变为安息日也不足为奇。可以说，这是早期说法的最终版本：认为主日（dominica）已经代替了犹太安息日，就连"安息日"这个名字都被用来指代周日了！

因此，英格兰和苏格兰的"严守安息日主义"（Sabbatarianism）通常有别于"守第七日安息日主义"。他们坚称，安息的律法要尽量应用在周日（现在常称为安息日）这一天。

在清教主义出现之前，就已经有人开始用"安息日"（Sabbath）指代周日了。例如 1547 年与 1548 出版的《国王指定布道集》（*Certain Sermons Appointed by the King's Majesty*），所有教会讲道都会使用这本布道集。其中一篇讲章提到：

> 神的子民在聚集之时，尤其要欢喜庆贺，使安息日成圣，这安息日就是周日，也是神圣的休息日。[3] 约翰·胡泊尔（John Hooper）在他的早期论著中也写道："许

---

[3] "Homily on the Place and Time of Prayer," University of Toronto English Library, 1997, http://www.library.utoronto.ca/utel/ret/homilies/bk2hom8.html.

多人认为,我们所守的周日不是人的命令……但是,这正是藉着明确下达的命令,要我们谨守这日(周日)为安息日。"[4]

至于何为安息日/周日的可行之事,胡泊尔(他在亨利八世执政期间被流放到苏黎世)的观点带有明显的改革宗神学色彩,认为神的律法是社会秩序的基础。这观点深受后世清教徒拥护。以下这段话就是他对安息日之诫命的代表性评论:"利用安息日的休息与闲适进行运动、游戏、消遣活动,开放市场与集市,都是滥用安息日。"[5]

胡泊尔的观点并非原创。事实上,在英格兰历史上,强调周日的责任与重要性由来已久。在亨利八世与爱德华六世执政期间,许多致力于宗教改革的人(如拉蒂默 [Hugh Latimer])都持类似观点。玛丽都铎为复辟罗马天主教,处死了一批人,其中就包括胡泊尔与拉蒂默。虽被处死,他们提倡的严守安息日却没有产生问题。因此,在 16 世纪上半叶,"严守安息日主义"并非重大革新,只不过是一种高标准而已。在当时,多数宗教改革的领袖与胡泊尔都推崇"严守安息日主义",并未引起轩然大波。

若细读宗教改革初期几十年间的讲章、讲稿或论著,会发现这些文献都提倡并要求人们遵守安息日,也给安息日下定义;其中有三大反复出现的主题。第一,安息日与创造的关系。通过十诫可以清楚看到,这种关系暗示了安息日不是暂时的礼仪律,而是创造次序的一部分。因此,

---

[4] Samuel Carr, ed., *Early Writings of John Hooper* (Cambridge: Parker Society, 1843), 342.

[5] Carr, *Early Writings of John Hopper*, 346–47.

众人都要遵守这条诫命。第二，虽然大家都赞同安息日是一条有效的普世诫命，但并不意味着我们要按犹太人的方式，在一周特定的一天庆祝。使徒受圣灵启示，将安息日从第七日改为第一日。虽也有人认为谨守周日与耶稣复活有关（正如初期教会一样），但这并不是这个时期的要点。第三，也是最值得关注的一点，需要详细而严格的立法来保证人们在主日（周日）合理地谨守安息日。

基本上，这些早期的英国守安息日者与后来严守安息日的清教徒相差无几。前者常被后世称为发展完备的清教主义的先驱。

日益激烈的争论

直到 16 世纪末，人们才开始激烈辩论有关安息日（也就是周日）的问题，并很快卷入了政治争论。在 16 世纪最后的几十年间，英格兰对长老派担心不已。伊丽莎白女王认为，紧邻的苏格兰就是最好的经验教训：长老派思想使苏格兰陷入一片混局，最终导致玛丽·斯图亚特女王下台和被流放。她觉得由主教（这些主教实际上都是政府官员）治理的教会一般都支持君主制，而长老制教会很容易破坏、甚至摧毁政治秩序。在伊丽莎白女王执政初期归回的英国流放者，把从慈运理与加尔文处学到的改革宗神学带回英国。在苏格兰，这些改革宗思想发展成长老派，引发了政治动荡与革命。而在英格兰，教会虽然主要拥护改革宗神学，但仍坚定地保留主教制。加上对长老派信徒的惩罚措施，主教制就更加根深蒂固了。到 1607 年，一位主教制与君主制的拥护者甚至吹嘘英格兰已彻底铲除长老派。当然，接下来的几十年证明这是秕言谬说！

1595 年，在剑桥附近的一个小镇上，有一位倾向长老派的牧师尼古拉斯·邦德（Nicholas Bound），以"致敬虔者与基督徒读者之信"的形式发表了一篇论著，题为《安息日教义简论》（*The Doctrine of the Sabbath Plainly Layde Forth*）。坎特伯雷大主教约翰·惠特吉夫（John Whitgift）试图阻挠此信出版，在 1597 年成功阻止其再版。个中原因不详，很有可能是因为邦德倾向于长老派。无论如何，从此人们对严守安息日主义便开始争论不休了。托马斯·罗杰斯（Thomas Rogers）牧师强烈反对长老派主义，在一篇讲道中曾将严守安息日主义与长老派主义联系起来。1606 年，邦德写了一篇更详尽的论著来回应罗杰斯。次年，作为对邦德的回应，罗杰斯在《圣公会 39 条》的基础上，撰写长文反对长老派主义与严守安息日主义。[6]

邦德与罗杰斯的主要争论点还不在于是否要在周日守安息日（这一点他们是意见一致的），而是谨守周日的理由。邦德与其他英国的守安息日者认为，将安息日从第七日改为第一日是使徒受圣灵启示，甚至是基督亲自透过复活所彰显的。罗杰斯则认为这只是教会所为（在宗教改革时期，新教与天主教对此已有争论。天主教一般认为周日是由教会设立，由此证明教会有解释和决定如何应用圣经的权柄）。

至少在罗杰斯看来，此处当风秉烛的莫过于教会的权威，由此涉及主教与皇权的权威。他坚信，严守安息日者

---

[6] Thomas Rogers, *The Faith, Doctrine and Religion, Professed, and Protected in the Realme of England and Dominions of the Same, Expressed in 39 Articles* (repr.; Cambridge: Parker Society, 1854).

只不过是伪装的长老派信徒,这些人"不按真理建立长老制……而是设立了新的偶像,即他们的圣安息日。"[7]

争论越发激烈,后果严重。后世的史学家托马斯·傅乐(Thomas Fuller)讽刺道:"安息日并不安息。"[8] 将长老派主义与严守安息日主义相连,本想借此打压长老派,未想事与愿违——长老派反而因此得到了圣公会守安息日信徒极大的同情。虽然惠特吉夫主教(Archbishop Whitgift)早有警告,最终长老派主义还是推翻了主教制与君主制本身。约翰·普里毛斯(John Primus)曾概述道:

> 安息日主义并不是由气馁的长老派信徒进行秘密改革而引发的激进运动……对于这种温和的运动,反安息日主义的回应倒显得极其多余……反而把安息日主义全然推向清教徒的阵营,同时也导致17世纪英格兰新教主义的两极分化愈演愈烈。[9]

可以说,罗杰斯的错在于,将守安息日主义与长老派主义联系在一起。守安息日主义谨守周日敬拜及其条例,尊周日为圣日。在这个层面而言,守安息日主义是英格兰宗教改革不可或缺的一部分。我们知道,早期的宗教改革领袖,比如霍珀(Hopper)、与拉蒂默都支持守安息日主义,教会也在官方教导中提到守安息日主义。将守安息日主义与长老派主义相对应,反安息日主义与忠诚的圣公会国教主义相对应,这就是17世纪动乱的历史背景。

---

[7] Quoted in Primus, *Holy Time*, 88.

[8] Quoted in Primus, *Holy Time*, 1.

[9] Primus, *Holy Time*, 98.

安息日:一场要求休息的革命

众所周知,清教徒主义引发的革命是 17 世纪的标志,并处死了查理一世。清教徒掌权之后,通过立法确保主日之神圣性。1644 年,长期议会(Long Parliament)颁布法律,反对

> 由高级别教士派(Prelatical Faction)(得到主教与其他高级别教士支持的人)出版的各种不敬虔书籍。因此类书籍违反主日道德观、亵渎主日、危害灵魂、歧视真信仰,甚至羞辱全能的神,引起祂对这土地公义的忿怒。[10]

这段话足以说明,清教徒十分重视圣洁的谨守主日。属于道德律的第四条诫命应适用于全人类。违背安息之命乃危及灵魂之事,甚至置整个国家于神的震怒之下。因此,不仅是教会,政府也当如此行。他们把传统改革宗的重点发挥到极致,认为律法的第三种功用意味着政府必须通过立法,强制全体社会遵从十诫之令,尤其是第四条诫命(在清教徒眼里,此诫命已被全然忽视)。而这种神学理论通常伴随着"削弱高级别教士派以及君主制"的政治立场。

再谈议会所颁布的法律,此法规定:

---

[10] 引自 A. H. Lewis, *A Critical History of Sunday Legislation from 321 to 1888 A.D.* (New York: Appleton, 1888), 115.

> 在主日，任何人不得在公开场合高声叫卖或销售商品货物、水果、药材、个人财产等……没有正当理由，任何人不得出行、搬重物，不得做任何属世之活，不得工作……任何人不得参与摔跤、射击、保龄球等运动，连围观也不可；不可为娱乐消遣而鸣钟，不可举行化妆舞会，不可通宵，不可举行教会爱宴、跳舞、游戏、运动或其它娱乐活动。[11]

对于这些可能的违法行为并其它违法行为，此法规设立了特定的处罚，多数情况下都是罚钱或没收财产与货品。若孩童触犯主日的圣洁，监护人就要为之负责，接受处罚。而对于必需之事，特殊情况特殊处理。议会允许

> 私人家庭调制肉类，允许客栈与食品店适当地调制、销售食品，免得所需之时无法供应；每年9月10日到来年3月10日的早上9点之前，下午4点之后允许叫卖牛奶，3月10日到9月10日之间，则是早8点之前、下午5点以后。[12]

从那以后，长期议会就一直颁布类似的法律，而且内容愈发详尽，处罚愈发严厉。比如，上文中的法律还只是禁止出行，而12年后就演变成不得在主日使用或雇用小船、

---

[11] From Lewis, *A Critical History*, 116.

[12] From Lewis, *A Critical History*, 119.

第十四章 英国清教徒主义与安息日

小舟、驳船、游艇、马匹、马车、轿子等出行,或劳作。"[13]

议会在 1644 年还颁布了与主日禁令配套的敬拜与默想指南(包括公开的与私下的)。引文值得我们一看:

> 需预先如此记念主日,将一切属世的、普通的职业经营有序、按时、合理地搁置一边,免得在主日来临之际,他们妨碍圣日。

> 一整日都要归主为圣,不管是公开场合还是私下。作为基督徒的安息日,在这日人们必须整日休息,不可有不必要的劳作;不仅不可运动、娱乐,也不可有属世的言谈与思想。

> 那日的饮食也须提前安排妥当,免得仆人忙碌不能参与对神的公共敬拜;也不应有人被阻碍,无法以主日为圣。

> 各人与家庭要各自预备,为自己祷告,也求神帮助牧师,祝福事工。除此之外,还有其它一些神圣的操练,都是为了让人可以在公共圣礼中与神更好地交通。

> 公共敬拜要求所有人都准时到会。敬拜一

---

[13] From Lewis, *A Critical History*, 128.

旦开始，全体会众皆须到齐，众民一心，庄严敬拜，直到祝福结束，方可离场。

公共聚会之间与结束后的休息时间，众人要专心读经、默想、回想敬拜内容（特别是家人聚在一处，分享听道心得，并加以提问）、开圣会、为圣洁的仪式祝福祷告、吟唱诗篇、探访病患、慰问穷人，例如敬虔的职责、慈善和怜悯，令安息日成为喜乐之日。[14]

《威斯敏斯特信条》

1647年，威斯敏斯特会议将清教徒的周日／安息日观立为教会教义，宣告：花时间敬拜神属于自然律，而在安息日这特殊的日子里敬拜神属于神所启示的律，因此众人都要服从。

七．按一般规定，为敬拜神而适当分配时间，乃属自然律；所以神在圣经中以积极的、道德的、永久的命令，特别指定七日中的一日为安息日，吩咐世世代代的人向祂遵守此日为圣日。这圣日从世界之始到基督复活之前，为一周的最后一日；从基督复活之后，这日改为一周的第一日。

---

[14] From Lewis, *A Critical History*, 141–42.

这在圣经中称为主日,作为基督教的安息日,直到世界的末了。

八. 所以当向主谨守此安息日为圣,人人要适当预备己心,事先整顿日常事务。不仅要整日在自己的工作、言谈、思想、属世职务与消遣上遵守圣洁的安息,而且要用全部时间举行公私礼拜,履行必须要行的怜悯义务。(Westminster Confession 21.7–8)

威斯敏斯特会议还提供了向大众谆谆教导这一教义的方法。《小要理问答》写道:

问59:神规定七日的哪一日为安息日?
答:从世界起始直到基督复活,神规定七日的第七日为安息日,此后规定七日的第一日为基督教安息日,直到世界的末了。

问60:安息日如何分别为圣?
答:当使安息日分别为圣,整日有圣洁的休息,连平日合法的俗事和娱乐也不可行;除了必需的和怜悯人的事外,一天的工作都当归与神,或同众人、或在家中敬拜神。

问61:第四条诫命禁止我们作什么?
答:第四条诫命禁止我们忽略安息日所当

尽的本分，也禁止以闲懒妄用此日，或行本身是罪的事；又禁止我们思想、谈论或办理一切不必要的俗事与娱乐。

不断延续的传统

众所周知，清教徒改革最终导致了进一步的宗教分裂、政治混乱、内战以及君主制的复辟，最后占主导地位的仍是圣公会（被清教徒称为"高级别教士派"）。虽然清教徒对安息日的严格立法已被废止，但他们从早期圣公会神学家那里继承并加以发展的安息日理念却从未消失。相反，在英国以及在美国建立的英国殖民地，安息日的概念十分普遍，甚至传承至今。

但在继续探讨清教徒的影响之前，我们有必要先了解一下"守第七日安息日者"（Seventh-Day Sabbatarians）对周日的另一种理解。

第十五章 第七日安息日主义

第一日？还是第七日？

在本书开篇已陈明，笔者的重点不在于探讨基督徒到底该谨守第七日还是第一日，而是追溯周日本身的历史。不过，既然第七日安息日主义（Seventh-Day Sabbatarianism）也有其周日观，便有必要略述一二，以了解其起源与它对周日的看法。

我们已知，初期教会不否认安息日，也不认为主日（the dominica，如今称为周日）已取代安息日。只要条件允许，犹太基督徒（包括其他人）便谨守安息日，在这日安息。主日则是基督徒聚集敬拜的日子，尤其是擘饼聚会。周日在君士坦丁之后才成为休息日。自此，作为一周的第一日，周日开始承载安息日的种种特征，尤其是透过频繁出台的圣日活动禁令。但安息日并未消失，正如其名称在罗曼语系与希腊语中被保存下来。同时，反犹太情绪在中世纪不断高涨，得到大肆宣扬，促使人们认为周日已取代安息日。这种论点在英国尤为盛行，因为在英文里，周六（第七日）的名称只与土星相关，与安息日毫无关联；这便是上一章中清教安息日主义的基础。

一旦周日被称为安息日，问题便由此而生：圣经中的安息日难道不是第七日吗，既然如此，更改安息日是靠何权柄呢？在宗教改革时期就讨论过这个问题。天主教神学家约翰·厄克（John Eck）提出，既然是教会作此改变，这就与新教的"唯独圣经"原则相悖。在英格兰，主教制支持者也用类似的论据反驳清教徒。清教徒的回应是，耶稣自己透过复活，将安息日挪到一周第一日。

在这种情况下，自然有人认为：称周日为安息日有悖圣经。因此，应不再以周日为敬拜日，恢复一周的第七日为安息日，正如第四条诫命所规定的。

从约翰·特拉斯基（John Traske）到基督复临安息日派（Seventh-Day Adventists）

虽然这类观点始现于欧洲大陆（如格莱特 [Oswald Glait] 与腓舍尔 [Andreas Fischer]），却在英国得到了许多人的支持。因为周日与安息日的联系，在清教徒主义的英国最为显著。甚至在清教徒主义得胜之前，被任命为圣公会牧师的特拉斯基（John Traske, 1585–1636）由于诸多原因被惩处，其中一条就是因他宣称当在一周的第七日举行宗教仪式。虽然他最终放弃了自己的观点，其妻子（特拉斯基曾使其妻子归信于自己的观点）与英格兰各地的小部分追随者却依然坚持这种观点。

可惜，他的著作无一存留。我们对他的了解主要是通过意见各异的批判者。其中有些人对他的批判十分离谱。但至少我们可以确定，他的确坚称要谨守第七日，遵从古代以色列人的饮食律法。据说，他也反对婴儿洗礼。与早期的十四日派（quartodecimans）一样，他认为应该在犹太逾越节庆祝复活节，还称自己绝不出错，并其它诸如此类的话。

西奥菲勒斯·布莱德本（Theophilus Bradbourne, 1590–1662）更容易被人所知。1628年，他出版了一本论著；四年后，又增加了大量内容而再版，其标题总结了他的观点：

> 为神所立最古老、最神圣的律例辩护：安息日。因此，同时还有：2.第四条诫命之辩护；3.辩护摩西十诫的公义与完美；4.辩护对神全然、独一的敬拜，正如十诫第一条所述；5.探讨民众按第四条诫命，为安息日的缘故守主日为圣时所存在拜偶像的迷信、罪恶与败坏。

其副标题清楚表明了论著目的：

> 反对一切"反安息日者"，包括新教徒、天主教徒、反律法主义者与重洗派信徒，并依据姓名，尤其反对以下牧师……后面附上批评他1628版著作的牧师名单。

布莱德本因宣传异端而受审，被命令放弃其言论。不过他是否放弃，或在何种程度上放弃，我们难以知晓。总之，他的理论并没有消失。1661年，他仍在世的时候，这些理论与日益发展的浸信会运动相结合，产生了安息日浸礼派（Seventh-Day Baptists）。从那时起，第七日安息日派便以多种形式流传下来，其观点通常与布莱德本的理论相似。其中最知名的便是起源于 1863 年的基督复临安息日派，由威廉·米勒（William Miller, 1782–1849）的前期追随者结合第七日安息日主义而设立。米勒出生于马萨诸塞州，是浸信会的传道人。信仰曾经过激烈的挣扎，之后深深归信。他致力研究圣经预言，深信主会在 1843 年或更早第二次降临。不过，令人大失所望，主并没有在那年来临。于是许多追随者便重新计算米勒的预言，但结果却与米勒相似。其中一些人建立了极小规模的复临派基督教会（Advent Christian Church），延续至今。而另一些人则将米勒的观点与第七日安息日主义相结合，产生了基督复临安息日教会（Seventh-Day Adventist Church），至今在全球有将近两千万成员，是第七日安息日主义最大的一支。

清教徒的处理方案

回到周日与周日历史的问题，周日与安息日的话题从君士坦丁时期就开始争论不休，而第七日安息日主义可以被视为这个发展过程的最后阶段。在此之前，在一周第一日庆祝的主日（the dominica）未被视为安息日的替代者，更不用说在主日休息了。那时基督徒在第一日相聚，是为了擘饼并记念洗礼。中间有许多人（当然包括犹太基督徒，但也可能有大部分其他信徒）仍带着敬畏之心看待第七日，在社会秩序所允许的范围内，尽量在这日寻求安息。然而，当君士坦丁规定七日的第一日（太阳日）为休息日时，周日就开始被视为安息日的替代者。这便引发了越来越多的立法，规定主日的允许活动范围。这类立法在英格兰的清教徒中达到高潮，内容尤为详细，关于遵守"安息日"（即周日）的规定越发严格，并以第四条诫命为其基础。

在整个辩论中，初代基督徒对一周第一日的看法基本被忽视，或至少被迫成了背景知识。在第七日安息日主义者看来，周日是由君士坦丁发明的反常之事。甚至有人说是由教皇发明，但这不太符合历史。对清教徒安息日者来说，周日仅是基督徒的安息日，用来遵守第四条诫命的教导。但有关一周第一日是基督复活的日子却甚少提及，只说基督透过那日的复活废去了旧安息日（第七日），而设立新安息日（第一日）。至于一周第一日代表起初创造的第一日、耶稣复活使这日之后的一切成为新造之物，或周日作为一周第八日是对末世的宣告与预示等内容几乎没有涉及。此时的周日是履行义务并自律的日子。人们在这日投身于教会聚会、祷告与慈善工作。但是，历来作为周日聚会中心的圣餐礼的次数却大大下降。圣餐聚会的关注点不再是主复活的喜乐，而是罪的悲哀与背罪的十字架。

第十六章 清教徒安息日主义的延续

英国的安息日主义

虽然清教徒改革并不持久,且君主制在 1660 年复辟,清教徒安息日主义却未消失。相反,当长老派反叛国立教会的威胁减弱后,清教徒安息日主义便在英国圣公会等教会持续发展壮大,从英国传到各殖民地,甚至更远的地方。不过,延续下来的安息日主义与前两章中清教徒的观点相差无几,就无需论述其神学发展过程,仅简单罗列英国和其它地区保留下来的安息日主义的例子。

圣公会牧师劳威廉(William Law, 1699–1765)是一位至今仍极具影响力的基督教作家。1728 年,他的《敬虔与圣洁生活的严肃呼召》(*A Serious Call to a Devout and Holy Life*)出版,之后迅速成为英格兰最受欢迎的属灵书籍。这本书通过刻画虚构人物(所有的圣公会信徒,比如劳威廉本人)强调他的教导、警诫与提醒,并通过这些人物阐明他的观点。凯丽德斯(Calidus)就是人们常说的那种人:"平时事务繁忙而无暇顾及他事,而一到周日便全然放松,到乡下闲逛。但此等晃荡与享乐反而让这天成为一周中最糟糕的日子。"[1] 弗拉维（Flavia）是另一个例子。她表面上是一位虔诚的妇人，每周日都去教堂。不过只要脸上长痘，她就忧心忡忡。

如果周日去拜访她，总能看到一群人围着她议论八卦。最新的讽刺文、作者是谁、其中的人物都分别指向哪些人等，她都一清二楚。弗拉维说在周日玩牌的人都是无神论者。但她刚从教会回来，就能讲出一切游戏的细节，比如她摸到什么牌、如何玩牌以及玩牌时发生的所有事情。若你想知道谁性格粗鲁、心眼不好，谁虚荣浮夸，谁生活奢靡，谁陷入债务等事，只要周日拜访弗拉维便可知晓。[2]

这些故事与许多类似的内容说明，劳威廉十分重视谨守周日。其中有两点值得我们特别关注。首先，他认为弗拉维与她同时代的其他信徒周日去教会是理所当然之事。在劳威廉的读者所生活的社会，人们并没有忽视周日，在这日去教会是常理。第二，劳威廉认为弗拉维去教会几乎毫无益处，因为散会后她并没有专心祷告、读经或热衷于慈善事工。虽然此时人们不像有法律规定的那个时候一样，严格谨守周日，清教徒安息日主义却仍然存在。在周日，人们必须专注于教会聚会、灵修与慈善事工。

约翰·卫斯理（John Wesley，1703–1791）作为新一代最具影响力的宗教领袖，也持类似观点。周日出席教会对

---

[1] William Law, *A Serious Call to a Devout and Holy Life: The Spirit of Love*, Classics of Western Spirituality (New York: Paulist Press, 1978), 81.
编注：该书中文译本为，劳威廉，《敬虔与圣洁生活的严肃呼召》，杨基 译，基督教经典译丛（北京：生活·读书·新知三联书店，2013）。

[2] Law, *Serious Call*, 107.

他来说十分重要，所以他几乎终生都教导卫理公会不要在周日聚会，以便人们去参加圣公会，在那领受圣餐。这样做是因为他与历史上绝大多数基督徒一样，认为圣餐是基督教敬拜的至高点。既然卫理公会没有提供圣餐，信徒便在周日去教堂领受。总之，他对安息日的看法与清教徒基本一致，与清教徒一样，他用"安息日"这个词指代周日这个法律规定的休息日。不过他不仅关注周日的宗教事宜，也提出周日一整天都当规范度日。他在礼仪改革协会（the Society of the Reformation of Manners）的一场讲道中，建议制裁公开亵渎圣日的行为，比如"个人买卖，店铺开张，上酒馆喝酒，站在大街小巷或蹲在田地里如平日一样出售商品。尤其是芜田（Morfields）这个地方，每周日从头到尾都挤满了这些人"（*Sermon* 52.1.1）。[3]

虽然圣公会的许多信徒质疑卫斯理，但他却是一位圣公会牧师。而且在遵守安息日（周日）这件事上，许多圣公会的领袖都支持卫斯理。1780年，国会在《周日谨守决议》（the Sunday Observance Act）中，重申了早期清教徒安息日立法中的一项重要内容：禁止参加一切收取入场费的娱乐活动。即便是如威廉·帕列（William Paley）这样的反对安息日者，也提议要在周日休息（虽然不是以宗教为基础，而是出于经济考虑）。因废除奴隶贸易而闻名的威廉·威伯福斯（William Wilberforce, 1759–1833）也加入了这个运动，即使他曾在复活节去晒日光浴！那时，安息日的法律迅速成了政府事务。威伯福斯曾提出周日不可出版报纸，但此法案并未通过。也有许多法令规定了特许权，允许水路交

---

[3] In Thomas Jackson, ed., *The Works of John Wesley* (London: Wesleyan Conference Office, 1872), 6:151.

易、租赁交通工具、面包师烘烤等。[4]

自此以后，虽然守安息日者相信安息日的律法是神的旨意，也常提到第四条诫命，但大多数政治辩论都与此无关。议会成员在投票时考虑的都是其它因素，比如安息日者在选民中的影响力、资本影响与利益、保护劳工等。

美国的清教徒安息日主义

大多数的北美早期英国殖民地（不一定是加勒比海地区）接受清教徒的教导，出现了与当时的英格兰类似，甚至更为严厉的法律。在新英格兰，激进的批评家胡编了一些所谓的"蓝法"（blue laws）。[5] 不过许多这样的律例确实存在过，并有严格的立法与惩罚措施。1651 年，普利茅斯（Plymouth）的一位妇人，因为在安息日洗衣服被罚 10 先令。一百多年后，韦勒姆（Wareham）的另一个人，也因耙稻草被罚 10 先令。这样的例子日益增多。[6]

另外，在第 10 世纪，还有十户区区长（tithingman）的职位。不过现今这个职位的职责与当时完全不一样了。当时的区长要监督众人，确保他们以正确的方式遵守安息日，谴责、训斥违令者。周日在教堂聚会期间，他要拿一根把手极重的杖到处巡逻。一有人打瞌睡或睡着了，他就

---

[4] 参 John Wigley, *The Rise and Fall of the Victorian Sunday* (Manchester: Manchester University Press, 1980), 26–32.

[5] 编注："蓝法"指清教徒在美国康涅狄格州（Connecticut）和纽黑文（New Haven）殖民地制定的一套法案，用来规范宗教和个人的行为，主要针对周日敬拜事宜。

[6] 参 Alice Morse Early, *The Sabbath in Puritan New England* (New York: Charles Scribner's Sons, 1891), 244–58.

用杖捅他或敲他（不过对妇人不用杖，仅拍拍她）。如果戳不醒，就用杖另一端的针扎他。[7]

由于周日聚会时间很长，不难推测区长为了让听众保持清醒，应该非常繁忙。周日清晨，人们被召集去教堂。那时，时钟与手表还很罕见，一般人都没有。通常靠钟声、号角声甚至枪声提醒人们去教堂的时间到了。随后一家人便步行去教堂。队伍按严格的等级秩序：一家之主与妻子走在最前面，然后是孩子与其他家属，最后是仆人。在一些小镇，按照惯例，得等牧师与其妻子先进教堂，会众跟在后面。男的一边，女的另一边，然后是小孩子。男人、妇女、男孩与女孩各自坐在分配好的区域内。人们坐席的具体座位通常由座位委员会决定。座位是社会地位的标志，要在教堂大门上公示，因此座位委员会的工作常备受争议。

聚会仪式主要由唱诗、祷告与证道组成。多数教会不常举行圣餐，而领受圣餐时须出示执事颁发的、用来证明圣洁敬虔生活的领受牌。通常吟唱谱曲的诗篇（有证据显示唱得不太好听），祷告与证道的时间最长。祷告通常由牧师带领，会众在牧师的带领下站立祷告，通常一个多小时，有时甚至两个小时。证道篇幅很长，有时分享的内容多达 25 点以上，经常持续一个半小时，甚至更长的时间。最后还有留给信徒公开认罪与请求会众代祷的时间。

正午的时候午休，大家吃点东西，照料马匹。教堂旁边通常建有"午休间"，冬天用作马厩，人也在里面午休。教堂里一般没有供暖设备。午休间因有火炉而备受欢迎。即使没有火炉，马匹也使房间暖和不少。人们彼此讨论证道内容，或仅仅分享日常生活。为避免小孩捣乱，会要求

---

[7] Early, *Sabbath in Puritan New England*, 66–76.

他们参与讨论，或将听道笔记解释给他们听。午休结束后，会众回到聚会间，继续参加与早上内容相似的活动。

为给孩子提供足够的宗教学习，19世纪初开始设立主日学（Sabbath schools，意为安息日学校）。其实早就有人提议建立这类学校，只是怕亵渎安息日而遭到反对。因为孩子们要和家长一同参加敬拜，因此学校通常一大早就开始了（6点半或7点），直到公共敬拜开始前几分钟才结束。

新英格兰殖民地的安息日（主日）礼节还有一个有趣的发展。有人提出，安息日应该和圣经时代一样，开始于周六的日落。有关安息日的各种活动禁令也该从那时开始执行。不过他们并没有说安息日要在周日日落的时候结束，就有评论家打趣道：安息日可要变成一天半了。

不管安息日持续多久，显然都充满了宗教活动与仪式。即使如此，清教徒认为在一切自由的时间里，仍要防止任何不恰当或不合理的行为。这就是周日法或"蓝法"的起源。在撰写本文时，有些法律仍存在。这些法律之所以被称为蓝法"并不是因为印在蓝色的纸上，这与一般人的看法相反。很可能与"蓝色"（blue）这个词的用法相关。"蓝色"指代假冒为善的苦行主义，可能还和克伦威尔（Cromwell）在英格兰的"蓝袜子"支持者有一定关联。虽然任何时候都有相关法律作出行为规定，但其中有关周日的法令尤为严格。比如在英格兰就禁止商业、贸易与不必要的工作或旅行（如戏剧、节日庆祝等类似活动）。但有时候这些禁令的执行却严格得荒谬可笑。1656年在波士顿，出海航行三年的肯布尔（Kemble）船长在回家时亲吻了在家门口迎接自己的妻子，但因为那天正好是周日，这位不幸的水手因在安息日有亲密之举而受罚，要在公众场合被羞辱两个小时。

第十七章 世俗化与更新

周日休息制的进一步扩展

我们会看到，尤其是当 13 个殖民地宣布独立之后，清教徒主义在北美英属殖民地的势力大减，有关周日的法律随之减少。但与此同时，将周日立为安息日的做法却传遍全球。一方面是由于英国的殖民扩张，另一方面与英美的宣教事工及全球经济发展相关。因此，甚至在基督徒人数极少的国家（如中国、印度、印度尼西亚、蒙古、非洲绝大多数国家、巴基斯坦、土耳其、泰国等），周日也成了休息日。周末的休息日通常包含周六与周日两日。

周日的世俗化

然而，周日休息制全球化的同时，周日的意义也日渐世俗化。在以上提到的多数国家里，之所以设立周日为休息日，宗教意义倒是其次。更多是因为在基督教国家里，银行、市场与政府部门都在周日休息。全球经济的发展使这些国家为方便起见，也选择与其它国家在同一天休息。

有些国家守周日为安息日，有其深厚的宗教根基。但即使在这些国家，这种根基也迅速消失。18世纪的北美英属殖民地大大发展，人口杂多，那些坚持清教徒信仰的人为安息日的世俗化深感悲痛。传道人时常表达不满，本该安静默想、专于慈善事工的周日晚上，现成了娱乐时间。有时候，为了追求娱乐的同时又不亵渎安息日，人们就去参加"唱诗班"。在那里学习、练习新歌，也唱老歌（通常是诗歌或其它宗教歌曲）。

在新共和国成立初始几年，许多州都通过了周日禁令法。然而，州法院不断挑战这些法律，结果各异。1961年，最高法院规定，纯粹出于宗教目的的周日法律违反宪法精神，只有为世俗事务而休息的法律才符合宪法（虽然这些法律本身源自宗教情感）。从那时起，周日法律便在法庭遭到质疑，即便是支持为宗教而休息的人，也被迫根据其对整个社会的影响进行辩论。因此，周日世俗化不仅发生在中国等国家（这些国家设立周日为休息日，只是为了便于与其它国家联系），在美国也一样，周日法律的合法地位取决于它们的世俗影响。

在21世纪的今天，即便这类法律大大减少，仍有大量保守的基督徒支持安息日的法律。他们坚信，与清教徒时代一样，今天的政府有义务让信徒及整个社会遵守神的律法（通常称为"律法的第三功用"）。

然而，当我们纵观整个周日历史，从君士坦丁颁布著名的321法令开始，周日事宜似乎已经划上了一个完美的句号。在君士坦丁之前，基督徒谨守主日（一周的第一日），在这日敬拜，但并没有提到休息，也没有与安息日相关联。

当时的社会不仅没有赋予他们任何特权，还强加给他们许多义务。他们必须想方设法在主日这个特殊的日子庆祝主的复活。君士坦丁让这日成为休息日，从此周日开始了漫长的发展过程，并最终带来：（1）人们坚信周日休息是按照安息日的模式；(2) 视安息日"一词为周日的同义词（尤其是在英语世界，一周第七日不是以"安息日"[Sabbath] 这个词命名，而是以土星 [Saturn] 命名）；（3）产生了严格的周日法律（令人想起那些最为严格的犹太安息日律法）。但是，在君士坦丁 17 个世纪后的今天，基督徒再次发现自己所生活的社会对他们的价值观与信仰漠不关心，有时甚至充满敌意。他们要想尽办法才能活出这些价值观，宣告信仰，并在日益减少的社会支持下敬拜神。而周日对其他人来说只是休闲的一天，人们享受橄榄球，享受沙滩。

"周日休息失去了法律与社会支持,人们对此深表痛惜。但是，许多基督徒面对周日在整个社会中的世俗化，对周日及其意义有了全新的、更深刻的理解。

仪式的更新

与此同时，另一件事也正悄然发生：基督徒重新审视了敬拜仪式及其涵义。19 世纪中叶，产生了有关教会敬拜仪式的争论（主要在圣公会与罗马天主教内）。在圣公会中引发了牛津运动（Oxford Movement）等事件，要求回到旧的敬拜形式。罗马天主教则再次提倡中世纪的敬拜。其中许多人都视中世纪为教会历史的至高点。但是不久后，随着教父研究的发展，人们发现中世纪以前的一段时间也同样值得关注。1883 年，希腊东正教主教与学者腓勒塞斯·布莱尼欧斯（Philotheos Bryennios）出版了一份手稿，是八年前他在君士坦丁堡圣墓医院（Hospital of the Holy Sepulcher）图书馆中找到的，经他鉴定，为《十二使徒遗训》。多位古代作者都曾提到这本书。此书的其它语言版本与片段立刻引发了人们的关注，如科普特文、阿拉伯文、格鲁吉亚文与拉丁文。希坡律陀（Hippolytus）的《使徒传统》（Apostolic Tradition）曾以古埃塞俄比亚文出版，现在又发现了其它古语言版本。这引起了敬拜历史学家的关注。学者一致认为，这本书确实出自这位古代基督教作家之手，因此其中提到的敬拜事宜是初期教会的真实写照。基于这两份文献，史学家能够评价并解释其它古代文献的大多数内容，从而对君士坦丁时期以前的敬拜礼仪达成基本共识。许多清教徒也根据这两份文献改革敬拜，恢复天主教与圣公会沿用下来的敬拜形式。一些激进的清教徒曾拒绝这些形式，认为教皇色彩太过浓厚。但这些礼仪只是相当古老而已，所以现在他们不得不接受。因此，卫理公会与长老会的信徒再也不必惊讶于藉着话语和手势彼此问安，这早在希坡律陀的《使徒传统》中就已出现：

> 愿主与你同在
> 与你的灵同在
> 兴起你的心
> 专心向主
> 向主我们的神献上感恩
> 祂配得感恩与称颂。

早期的敬拜更新运动主要关注中世纪的敬拜，现在开始转向更早时期。那时的敬拜以敬拜自身的意义与其背后的信仰为基础，而不看社会认同或法律支持，且参与性更高。

早在 1903 年教皇庇护十世（Pope Pius X）当选不久后，便发布诏书，呼吁信众更加积极地参与礼拜仪式。几年后，庇护十一世（Pius XI）也发表了一份类似的诏书（不过，只是希望大家积极参加格列高利圣咏 [Gregorian chant]）。他在《关怀》（Tra le sollecitudine）中提到：

> 在会众参与的那部分恢复格列高利圣咏，信徒便可以更加积极地参与到神圣敬拜之中。信徒参与圣礼十分必要，他们不能成为外人或沉默的旁观者。信徒的赞美声当与神父、诗班的声音互相应和，此起彼伏。

自此以后，关于仪式的更新呼吁不断。1947 年，庇护十二世（Pius XII）发表通谕《天主中保》（Mediator Dei），声称仪式应当顺应新环境而变化，必要之时甚至可以使用地方语言。几年前，庇护十一世就已批准在弥撒中一同使用拉丁语和克罗地亚语，有的情况可以使用斯拉夫语。1941 年，罗马发表了一系列指令，指导中国、日本与印度等国预备其双语敬拜仪式。1951 年，庇护十二世同意恢复复活节前夕的守夜礼（Paschal Vigil，这个古老的仪式曾被周六早上的另一场仪式替代）。他以此为试验，并在四年后发布指令，要求改革整个圣周的庆祝（包括恢复守夜礼）。

第二次梵蒂冈会议

第二次梵蒂冈会议带来了巨大变革。会议诏书发布不久后，教皇约翰二十三世（Pope John XXIII）特别强调了仪式更新的重要性：

> 会议不必过多谈论道德教条……人们若不认同教会，或没有透过丰盛的圣礼与教会一同活出基督的奥秘（不管是复活节盛宴期间还是周日），或不与教会一同祷告，一切都是枉然。

与会的主教坚信，教会仪式需要彻底更新与变革。因此，在充分讨论并彻底改写了筹备委员会提供的仪式文稿后，会议出台了其第一份文献《圣礼宪章》（Constitution on the Sacred Liturgy），通常以其拉丁文的开头几个单词而被人知晓：Sacrosanctum Concilium。虽然这份文献大篇幅地为仪式带领者（神职人员）提供指导，但其更新教会敬拜最显著的一点是与忠实的信徒关系密切，要求普通信徒有更高的参与度。在这方面，会议认为牧师必须"确保信徒充分理解自己所作之事，积极参与教会仪式，得蒙祝福"（Sacrosanctum Concilium 11）。

为此，会议委员会授权各国与各地区开展主教会议，在教廷允许下改进仪式，决定如何使用本国语言或地方语言。不过并不是纯粹翻译拉丁文弥撒，而是根据当地文化的特殊传统与恩赐作适当调整。在不损害信仰与公众益处的前提下，教会甚至不愿将固定的统一仪式强加于人，而是尊重、鼓励各国各族自身的特征与恩赐。人们的生活方

第十七章 世俗化与更新

式若不是与迷信、错谬相连，就值得仔细研究。若有可能，还要加以保护。有时，倘若出于真实诚挚之情，甚至可以将这些民族特色引入礼拜仪式。（SC 37）在"各民族的特征与恩赐"中，会议特地强调了音乐与诗歌。因此好几段文字都提醒信徒，"普世教会的音乐传统弥足珍贵，比任何其它艺术都伟大"（SC 112）。随后，会议还鼓励发展"流行宗教歌曲"（SC 118），承认人们都有自己的音乐传统，这对他们的宗教与社会生活起了十分重要的作用。因此，他们的音乐应当被尊重，并享有一定的地位。不仅要形成属于他们自己的宗教意识，更要根据他们的本土音乐天分调整敬拜模式（SC 119）。

会议鼓励信徒要积极参与并充分理解的另一件事便是讲道，这也同等重要。多个世纪以来，讲道一直被忽视，甚至简化为教区生活通告，至多也只是道德教导。现在，会议宣称："在一年的礼拜仪式中，可以透过讲道来阐明圣经中的信仰奥秘与基督徒生活指导。因此，作为礼拜仪式一部分的讲道，须得到高度重视。事实上，在群众的监督下，要求在周日与义务节假日举行的弥撒，除非有特殊原因，否则不得忽略讲道环节。"（SC 52）

总之，会议鼓励普通信徒积极参与，以此强调敬拜（尤其是周日的敬拜）的更新。这个过程包括：首先，敬拜仪式采用了地方语言；其次，普通信徒在敬拜中起了积极的作用；第三，设立讲道，将圣经经文与圣礼相连；第四，使用能表达群众特性与经历的音乐与文化元素；最后，再次以周日为庆典。因此弥撒不再悲哀地记念基督之死，而是庆祝祂复活的得胜。

新弥撒曲

几乎同时,在会议指导下出现了"地方语言的通俗弥撒曲"。配上欢乐的本土音乐,表达人民疾苦与盼望。在诸多弥撒曲中,有一首叫"通俗萨尔瓦多弥撒曲"(Misa popular salvador-eña)。其进堂咏"Vamos todos al banquete"为整场礼拜仪式设立了基调:

> 副歌
> 让我们奔赴盛宴
> 参与普世庆典
> 一切预备妥当
> 众人啊,来吧,彼此分享
> 清晨早起
> 圣徒相待
> 举家踏春而行
> 携友共往(反复)
> 我们来自索亚潘戈
> 圣安东尼、萨卡弥尔
> 墨西哥城、戴尔多加
> 圣特克拉、拉伯纳尔(反复)
> 穷苦之人,受神所邀
> 奔赴公义之宴,慈爱之席
> 共享丰收之物
> 一无所缺(反复)
> 共建美好之国
> 因爱联结,人人平等
> 被神呼召,齐心协力

凡物共用（反复）

这类歌有吉他与响葫芦伴奏，内容表达了信徒相交的喜乐、人们遭受的不公正与痛苦，给周日敬拜带来了惊人的更新。以往参加弥撒的只是几个敬虔人，现在成了镇上大多数人生活的重要部分。传统上人们的责任是去听弥撒（ír misa），而现在则要参与宴席，这两者差别巨大。这宴席是创造之宴的范型，是应有的宴席，也是将来会有的宴席。

透过这些，我们发现了古时对周日三层理解的再现：**要庆祝耶稣透过十字架与复活而取得的胜利，同时也指向祂与整个被造界的关系，还包括对末世的盼望。**

普世教会的更新

进堂咏采用路德诗歌这一事实，标志着仪式更新的现象不仅局限于罗马天主教。有许多新教徒与东正教的学者也基于《使徒遗训》（Didache）等古籍，研究古代基督教敬拜，更会跨宗派研究他们感兴趣的公共历史。天主教教父学者与仪式家会研读新教徒对《使徒遗训》的研究。由于会议要求讲道，许多天主教神父与神学院便转向新教徒专家求经验。同样，新教学者与仪式家向天主教学习更新仪式。因此，第二次梵蒂冈会议的内容具有部分新教根基，会议的提议也积极寻求新教牧师与仪式家的意见。

这导致新教仪式也和天主教一样进行了更新，重新强调敬拜中喜乐与节庆的元素（尤其是圣餐）。

恢复圣餐的节庆因素成为一种趋势，例子比比皆是。

作为宗教改革的一部分，16世纪的《圣公会公祷书》（Anglican Book of Common Prayer）有一段呼召，虽强调众人都要参与圣餐，但却带着悲戚之情：

> 你若诚心悔罪、与邻舍互爱互助、追求新生活、遵行神之命、过圣洁生活，请你凭信心来到主前，谦卑向大能之神悔改，屈膝敬拜。

有些新教宗派一字不漏地采纳了这份呼召，尤其是源自英国清教徒主义或卫理公会运动的宗派。因此这段呼召的基调便成了这些教会的圣餐基调。

虽然这份呼召仍出现在《公祷书》上，《公祷书》却增加了另一份不含此呼召的敬拜秩序以庆祝圣餐。大多数主流新教宗派选择删除此呼召或采纳更欢庆式的呼召，比如诗歌《我们的神得胜的盛宴》（This Is the Feast of the Victory of Our God）或相关经文的引用，如"从东、从西、从南、从北将有人来，在神的国里坐席"（路加福音十三29）。

不过最重要的改变还是圣餐频率与圣餐在周日仪式中的顺序安排。虽然路德宗与圣公会，包括罗马天主教的传统一直都是每周日都举行圣餐（加尔文也期望在日内瓦做同样的事情），但改革宗的传统（尤其是在清教徒主义之后）却希望圣餐不要如此频繁。部分原因是因为害怕过度频繁使之失去敬畏感。17世纪，苏格兰长老会的通常作法是一年两次圣餐。福音派与改革宗教会在20世纪下半叶仍如此行。不过他们也意识到这并不是理想状态："圣餐（主的晚餐）一年至少要举行两次，最好更多一点。"美国的

第十七章 世俗化与更新

长老派教会也是类似情况，其 19 世纪的敬拜指南就要求圣餐要一个季度举行一次。若牧师与长老认为有必要，甚至可以更加频繁。由于种种原因，几个主要的新教传统与宗派都情况相同，比如浸信会与卫理公会。

然而，到 20 世纪中叶，作为仪式更新的一部分，在第二次梵蒂冈会议之前，长老会与其他几个宗派越来越赞同"圣餐要更加频繁"的观点（可能的话每周日都要举行），认为这要成为一个规范。1961 年，美国的联合长老会（United Presbyterian Church）出版了《公共敬拜书》（the Book of Common Worship）的修订版。通过分析这份文献的历史及人们对文献的回应，得出的准确结论为："规范模式就是讲道与主餐的完整仪式。但也不要过于死板，以便那些还未准备妥当的教会也能接受这种模式。"长老派教会与南部教会（Southern Church）的《敬拜指南》比较保守。虽然偶尔会频繁庆祝，但仍提倡一年四次的传统做法。这两间教会合并后，他们对两份指南作了折中处理：

> 每主日都庆祝主的晚餐是合宜的。当视其为主日的一部分，并尽可能定期频繁庆祝。

> 会议当确保定期频繁举行圣餐，一年不可少于四次。

据传闻，加上有限的研究，每周举行圣餐的教会（长老会与卫理公会）虽然不多，但其数量却在不断增加。主要的几大宗派在传统上很少举行圣餐，现在却每月举行一次，成为标准。

每周日举行一次圣餐、使用大众能明白的语言、让信徒完全参与、增加讲道环节，这些是路德与加尔文等改教家的初衷。新教徒与天主教徒都向这些方向迈进。现今的天主教弥撒使用地方方言，信徒积极参与，领受圣餐，并总有讲道。一直以讲道为重的新教徒聚会现在也更重视圣餐，频繁举行圣餐。"圣餐不是悲伤之事，而是神子民的盛宴，庆祝基督复活"的观点成为共识。

新教各派中，只有灵恩派依然保持低频率的圣餐，有时甚至没有圣餐。不过灵恩派对 21 世纪的仪式更新也是有贡献的：他们强调喜乐的敬拜。在外人看来，他们的敬拜无序又吵闹，缺乏神学深度。但不可否认的是，这种敬拜的确充满了喜乐！敬拜中有认罪。有些灵恩派在聚会中还会彼此分享生活的难处。但总归还是庆祝神的大能胜过一切艰难，神的恩典胜过一切罪恶。

因此，普世基督徒都在周日相聚以彼此相异的方式庆祝。君士坦丁时期立下的周日法律相继消亡，有人为此惋惜。但无疑，人们对周日的看法不断更新——周日为复活日，为新造之物的开始，预示着末世的完美结局。

我们速览了宗教改革时期到 21 世纪的历史。自 16 世纪以来盛行的不同观点与礼节繁多复杂，文末再次总结、强调其中的几大要点：

第一，虽然自 16 世纪开始，天主教与新教的周日敬拜形式开始分道扬镳，但 20 世纪，他们开始寻求新的合一。罗马天主教曾在 16 世纪坚持使用拉丁文敬拜，并严格要求仪式的一致性。到了 20 世纪，他们也采用各地方语言，并根据不同文化稍作调整。曾经普通信徒只需定期参加弥撒，现在要求他们积极参与并领受圣餐。教会还强调讲道的重要性，以便人们能明白他们所行的。同时，许多曾经很少举行圣餐的新教教会（一年一次，至多四次），现在开始频繁举行圣餐。一些曾被认为过于"教皇主义"的词语、手势与其它礼仪，后来证明只是历史悠久而重新被新教仪式所采纳。路德与加尔文等改教家曾坚称神的道与圣礼之间密不可分。这种观点现在被罗马天主教与多数新教徒视为常理。

第二，君士坦丁时期开始为周日休息制定法律。这一做法在17、18世纪的新教徒中延续，甚至有增无减。不过这一现象随后不断减弱，因为许多保守新教徒担心这样会亵渎周日。同时，在西方殖民主义与经济发展的影响下，周日成为许多国家的休息日（不过相对来说基督教的影响因素比较有限）。就是在原先的基督教国家，人们也开始不断叹息周日的世俗化。

第三，虽然长久以来，周日与第四条诫命紧密相联，但"安息日"（Sabbath）意指周日，主要还是在宗教改革之后，尤其是在英语世界，这在罗曼语系并未发生。因为在罗曼语系中，"安息日"（Sabbath）的各种衍生词仍指代"一周第七日"。因此称周日为安息日的安息日主义基本发生在讲英语的国家。第七日安息日主义首先盛行于这些国家也是这个原因。

最后，仪式的更新重新挖掘了古代对周日的各种理解，因而使周日变得更为重要。周日不再只是基督教安息日，而是基督复活的日子，标志着新造之物的起头，是对末世美好结局的应许。这些都使周日的敬拜变得更为喜庆。

后记

史学家常喜欢根据历史预言将来。回顾这整段历史，笔者推测在将来的社会，周日很可能会更加世俗化。在教会内部，周日则恢复其重要地位。当大多数基督徒生活在贫困与压迫中时，周日会提醒我们，那位死里复活的神创造了一切，现在又正在成就全新的创造。因此，虽然周日被社会整体所忽视，但是信徒对周日会倍加珍惜。

就算这个预言未能实现，有一件事笔者却能保证：即使未来几十年所发生的事与我们所预想的完全相悖，不可否认，周日所应许的第八日必然实现。正如奥古斯丁所说："我们将安息并看见，看见并相爱，相爱并赞美。"

这是耶和华所定的日子，我们在其中要高兴欢喜！

进深阅读

谨守周日对基督徒来说是如此重要，因此这方面的文献汗牛充栋。其中 Stephen Miller, *The Peculiar Life of Sundays* (Cambridge, MA: Harvard University Press, 2008) 概览了早期历史，并聚焦于英国与北美基督教，十分宝贵。

关于周日的多数讨论都集中于周日与初期教会安息日的关系。这个话题至今仍争议不断，不过这并非本书的中心内容。近年有关这个话题的论著极多，其中有两本书，几乎收集了双方的所有论据。第七日安息日主义这一方的书请参考 Samuele Bacchiocchi, *From Sabbath to Sunday: A Historical Investigation of the Rise of Sunday Observance in Early Christianity* (Rome: Pontifical Gregorian University Press, 1977)。另一方的书是 Willy Rordorf, *Sunday: The History of the Day of Rest and Worship in the Earliest Centuries of the Christian Church* (London: SCM; Philadelphia: Westminster, 1968)。有关君士坦丁对谨守周日之影响的书，请参看 Paul A. Hartog, "Constantine, Sabbath-Keeping, and Sunday Observance," in *Rethinking Constantine: History, Theology, and Legacy*, ed. Edward L. Smither (Eugene, OR: Pickwick, 2014), 105–29。

有关初期基督徒敬拜作为谨守周日之背景的主题、以及主日对初期基督徒的意义，可参考的书目较多，不过都是学术性书籍。部分书目如下：Paul F. Bradshaw, *Reconstructing Early Christian Worship* (Collegeville, MN: Liturgical Press, 2010), 与 Paul F. Bradshaw, *The Search for the Origins of Christian Worship* (New York: Oxford University Press, 1992)。有关早期守复活节的内容, Thomas J. Talley 所写的 *The Origins of the Liturgical Year* (New York: Pueblo, 1986) 提供了大量珍贵的信息。

有关英格兰清教徒安息日主义的历史，请参考 Kenneth L. Parker, *The English Sabbath: A Study of Doctrine and Discipline from the Reformation to the Civil War* (Cambridge: Cambridge University Press, 1988)。要了解美国建国初期守安息日／周日的情况，请参考 Winton U. Solberg, *Redeem the Time: The Puritan Sabbath in Early America* (Cambridge, MA: Harvard University Press, 1977)。R. C. Wylie 所写的 *Sabbath Laws in the United States* (Pittsburgh: National Reform Association, 1905) 描述了美国安息日法及其辩护，可作为补充资料。

要想继续研究本书提出的问题，可阅读更多基督教敬拜历史方面的书，比如 James F. White, *A Brief History of Christian Worship* (Nashville: Abingdon, 1993)。Catherine Gunsalus González, *Resources in the Ancient Church for Today's Worship* (Nashville: Abingdon, 2014) 也提供了大量资料，清楚描述并探讨了这方面的内容，很有帮助。

部分参考书目

Boyd, William K. *The Ecclesiastical Edicts of the Theodosian Code*. New York: Columbia University Press, 1905.

Calvin, John. *Commentaries on the Four Last Books of Moses Arranged in the Form of a Harmony*. Translated by Charles William Bingham. Reprint; Grand Rapids: Baker, 1979.

Carr, Samuel ed. *Early Writings of John Hooper*. Cambridge: Parker Society, 1843.

Chambers, Edward K. *The Mediaeval Stage*. Oxford: Oxford University Press, 1903.

Charlesworth, James H. ed. *The Old Testament Pseudepigrapha*, vol. 1. Apocalyptic Literature and Testaments. Garden City, NY: Doubleday, 1983.

Coleman-Norton, P. R. *Roman State and Christian Church: A Collection of Legal Documents to A.D. 535*. London: SPCK, 1966.

Denzinger, Henrici. *Enchiridion symbolorum defnitionum et declarationum de rebus fdei et morum*. Rome: Herder, 1957.

Dix, Gregory. *The Shape of the Liturgy*. Westminster: Dacre Press, 1945.

Duchesne, L. *Christian Worship: Its Origin and Evolution*. London: SPCK, 1927.

Early, Alice Morse. *The Sabbath in Puritan New England*. New York: Charles Scribner's Sons, 1891.

Easton, Burton Scott. *The Apostolic Tradition of Hippolytus*. Reprint; Ann Arbor: Cushing-Malloy, 1962.

Gäbler, Ulrich. *Huldrych Zwingli: His Life and Works*. Philadelphia: Fortress, 1986.

Gonzalez, Justo. *A History of Theological Education*. Nashville: Abingdon, 2015.

———. *Christian Thought Revisited: Three Types of Theology*, 2nd ed. Nashville: Abingdon, 1989.

Hasel, Gerhard F. "Sabbatarian Anabaptists in the Sixteenth Century." *Andrews University Seminary Studies* 5, no. 2 (July 1967): 101–21; 6, no. 1 (January 1968): 19–28.

Hefele, Charles Joseph. *A History of the Councils of the Church from the Original Documents*. Edinburgh: T&T Clark, 1878.

Herminjard, A.-L. *Corrrespondance des réformateurs dans les pays de langue française*. Reprint; Nieukoop: De Graaf, 1965.

Jackson, Thomas ed. *The Works of John Wesley*. London: Wesleyan Conference Office, 1872.

Jaffe, Philip ed. *Regesta pontifcum romanorum*. Leipzig, 1885.

Kidd, B. J. ed. *Documents Illustrative of the Continental Ref-*

ormation. Oxford: Clarendon, 1911.

Lewis, A. H. *A Critical History of Sunday Legislation from 321 to 1888 A.D.* New York: Appleton, 1888.

Liechty, Daniel. *Andreas Fischer and the Sabba tarian Anabaptists: An Early Reformation Episode in East Central Europe*. Scottdale, PA: Herald, 1988.

———. *Sabbatarianism in the Sixteenth Century: A Page in the History of the Radical Reformation*. Berrien Springs, MI: Andrews University Press, 1993.

Mansi. *Sacrorum conciliorum nova et amplissima collectio*. Reprint; Paris: Welter, 1901–1927.

Nicolay, Fernand. *Historia de las creencias, supersticiones, usos y costumbres*. Barcelona: Montaner y Simón, 1904.

Otero, Aurelio de Santos ed. *Los evangelios apócrifos*. Madrid: Biblioteca de Autores Cristianos, 1966.

Power, Eileen. *Medieval People*. Garden City, NY: Doubleday, 1956.

Primus, John H. *Holy Time: Moderate Puritanism and the Sabbath*. Macon, GA: Mercer University Press, 1989.

Rogers, Thomas. *The Faith, Doctrine and Religion, Professed, and Protected in the Realme of England and Dominions of the Same, Expressed in 39 Articles*. Reprint; Cambridge: Parker Society, 1854.

Ruiz, Julio Campos and Ismael Roca Meliá. *Santos padres españoles*. Madrid: Biblioteca de Autores Cristianos, 1971.

Schaff, Philip. *History of the Christian Church*. New York: Thomas Y. Crowell, 1894.

Smith, Joseph P. *Demonstration of the Apostolic Preaching*. New York: Newman, 1952.

Vives, José ed., *Concilios visigóticos e hispano-romanos*. Barcelona: Consejo Superior de Investigaciones Científicas, 1963.

Von Ingolstadt, John Eck. *Enchiridion of Commonplaces against Luther and Other Enemies of the Church*. Grand Rapids: Baker, 1983.

Von Karlstadt, Andreas Bodenstein. "On the Sabbath." In *The Essential Carlstadt: Fifteen Tracts*. Translated and edited by E. J. Furcha. Scottdale, PA: Herald, 1995.

Wigley, John. *The Rise and Fall of the Victorian Sunday*. Manchester: Manchester University Press, 1980.

索引

A

阿奎纳 5, 119, 120, 145

安波罗修 86, 87

奥古斯丁 8, 50, 61, 87, 88, 89, 91, 92, 141, 183

B

《巴拿巴书》 48

D

第二次梵蒂冈会议 6, 174, 177, 179

第七日安息日 5, 3, 136, 144, 145, 146, 147, 157, 158, 160, 161, 162, 181, 185

第四次拉特兰会议 98, 102, 107

F

复活 3, 1, 2, 25, 26, 27, 30, 38, 40, 41, 43, 44, 45, 46, 47, 48, 49, 50, 51, 53, 56, 57, 60, 64, 65, 69, 74, 76, 78, 79, 94, 95, 96, 107, 108, 114, 116, 117, 122, 123, 138, 141, 143, 149, 150, 155, 156, 159, 160, 162, 165, 171, 173, 174, 175, 177, 180, 181, 183, 186

复临安息日教会 161

J

加尔文 5, 3, 5, 6, 7, 137, 138, 139, 140, 145, 146, 149, 178, 180, 181

禁食 4, 28, 41, 44, 52, 53, 56, 57, 60, 69, 76, 112, 113, 114

君士坦丁 3, 4, 2, 18, 23, 29, 31, 42, 45, 46, 50, 59, 61, 62, 63, 64, 65, 66, 67, 69, 70, 71, 72, 73, 75, 77, 78, 79, 80, 82, 84, 89, 90, 93, 95, 104, 122, 136, 137, 144, 158, 161, 162, 170, 171, 172, 180, 181, 185

L

律法 4, 6, 7, 20, 35, 40, 60, 77, 83, 85, 86, 87, 88, 90, 93, 94, 110, 117, 119, 120, 121, 122, 128, 130, 135, 143, 144, 145, 146, 147, 148, 152, 160, 166, 170, 171

律法主义 6, 143, 160

M

马丁路德 5, 5, 129, 145

弥撒 6, 58, 96, 100, 107, 108, 111, 114, 115, 117, 123, 128, 129, 130, 131, 173, 174, 175, 176, 177, 180

米书拿 20

Q

清教徒 5, 6, 6, 7, 8, 69, 140, 144, 146, 148, 149, 151, 152, 155, 157, 159, 161, 162, 163, 164, 165, 166, 168, 169, 170, 172, 178, 186

屈梭多模 85, 86

S

圣餐 4, 29, 30, 37, 47, 53, 58, 59, 70, 73, 74, 81, 82, 83, 94, 95, 96, 97, 98, 100, 101, 102, 103, 104, 105, 106, 107, 108, 110, 117, 122, 123, 131, 134, 139, 140,

142, 162, 165, 167, 177, 178, 179, 180, 181

圣公会 5, 141, 145, 146, 150, 151, 157, 159, 163, 165, 171, 172, 178

十二使徒遗训 27, 52, 57, 58, 69, 95, 116, 172

十诫 5, 6, 7, 119, 120, 121, 133, 135, 137, 148, 152, 160

使徒传统 45, 54, 58, 172

使徒宪典 76, 81, 84

《使徒传统》 54, 58, 172

T

太阳日 3, 2, 17, 29, 30, 31, 33, 37, 39, 47, 48, 63, 66, 67, 76, 77, 78, 79, 84, 161

特土良 28, 29, 31, 49, 52, 53, 55, 56, 58, 73

天特会议 127, 128

X

希坡律陀 54, 55, 56, 58, 69, 70, 172

Y

亚他那修 81, 85

伊格那修 27, 39, 40, 82, 83, 95

游斯丁 26, 30, 31, 39, 40, 47, 49, 82, 95, 101

逾越节 18, 37, 44, 45, 160

预表 4, 44, 49, 50, 51, 84, 85, 119, 121, 122, 141

Z

宗教改革 5, 2, 5, 7, 125, 126, 127, 128, 129, 136, 137, 142, 148, 150, 151, 159, 178, 180, 181

www.ingramcontent.com/pod-product-compliance
Lightning Source LLC
Chambersburg PA
CBHW071615080526
44588CB00010B/1139